产业创新与发展丛书

「一带一路」视野下

蒙古自治区与蒙俄

跨境旅游合作

杨 娇◎著

本书得到国家社科基金特别项目（BJXM2012-20）、内
蒙古哲学社会科学规划项目（2014C107）、内蒙古自治区旅
游科学研究课题（2015LYKT007）、中蒙俄经济走廊研究协
同创新中心重点课题（ZMEZ201802）等项目的支持

THE CROSS-BORDER
COOPERATION IN
TOURISM AMONG
THE INNER
MONGOLIA
AUTONOMOUS
REGION,
MONGOLIA AND
RUSSIA WITH THE
PERSPECTIVE OF
"THE BELT AND
ROAD"

经济管理出版社
ECONOMY & MANAGEMENT PUBLISHING HOUSE

图书在版编目（CIP）数据

"一带一路"视野下内蒙古自治区与蒙俄跨境旅游合作/杨娇著. —北京：经济管理出版社，2019.11

ISBN 978-7-5096-4386-0

Ⅰ.①一… Ⅱ.①杨… Ⅲ.①旅游业—国际合作—经济合作—研究—内蒙古、蒙古、俄罗斯 Ⅳ.①F592.726 ②F595.123 ③F593.113

中国版本图书馆 CIP 数据核字（2016）第 102459 号

组稿编辑：王光艳
责任编辑：李红贤
责任印制：黄章平
责任校对：王淑卿

出版发行：经济管理出版社
　　　　　（北京市海淀区北蜂窝 8 号中雅大厦 A 座 11 层　100038）
网　　址：www. E-mp. com. cn
电　　话：(010) 51915602
印　　刷：三河市延风印装有限公司
经　　销：新华书店
开　　本：720mm×1000mm/16
印　　张：8.75
字　　数：105 千字
版　　次：2020 年 1 月第 1 版　2020 年 1 月第 1 次印刷
书　　号：ISBN 978-7-5096-4386-0
定　　价：68.00 元

| 前　言 |

　　"一带一路"是"丝绸之路经济带"和"21世纪海上丝绸之路"的简称，是由习近平主席在2013年出访中亚和东南亚国家期间先后提出的重大倡议，涉及65个国家、44亿人口，涵盖了全世界74%的自然保护区与近50%的文化遗产，跨越了世界两大主要旅游客源地和旅游目的地，该区域国际旅游总量占全球的70%以上。"一带一路"的推进与实施必将促进国际旅游开放新格局的形成，促成沿线国家乃至全球跨境旅游合作的高峰。

　　"中蒙俄经济走廊"是"一带一路"框架下首条正式开建的多边经济走廊。《建设中蒙俄经济走廊规划纲要》中明确指出，要加强旅游交流合作，重点深化共建旅游环境、开辟跨境旅游线路等层面的建设，为中蒙俄跨境旅游合作迎来了前所未有的发展契机，对推动东北亚区域经济一体化和欧亚合作具有重要意义。中国与蒙古国、俄罗斯毗邻，地缘优势明显，中蒙、中俄边境线分别长达4700公里、4300多公里。目前，中国已有18个对蒙各类开放口岸、26个对俄各类开放口岸，使中国已成为蒙、俄两国重要的贸易伙伴，这不仅为中蒙俄经贸快速发展提供了有利条件，而且为中蒙俄边境旅游的开展创造了条件，更为深入三国腹地的全面跨境旅游合作的开展奠定了良好的基础。

内蒙古自治区地理位置独特，它位于中国北部边疆，横跨东北、华北、西北三大区，东、南、西共与 8 省区毗邻，北与蒙古国、俄罗斯接壤，边境线长达 4261 公里，使内蒙古自治区在向北开放战略中处于重要地位。目前，内蒙古自治区已形成了以口岸为依托的沿边开放带，并以发展对蒙俄及东欧等国的经济贸易技术合作为重点，带动了资源开发和经济发展。充分发挥内蒙古自治区的地缘优势、文化优势及口岸优势，与俄、蒙开展跨境旅游合作具有较强的现实意义和潜力优势：既能实现边境口岸地区优势互补，加快民族地区的经济发展进度，加速经济一体化进程，获得良好的经济收益；又能维护边境地区和平与安全，促进东北亚区域经济合作。

因此，在"一带一路"倡议和"中蒙俄经济走廊"建设推进的背景下，在党和国家领导人高度重视旅游业发展的前提下，积极探索如何推进内蒙古自治区与蒙俄跨境旅游合作，具有很强的现实意义。

| 目　录 |

第一章

绪　论

第一节　研究目的和意义

　　跨国合作已成为许多国家应对全球化、融入世界经济一体化的重要策略和手段。后金融危机时代，区域经济集团化有强化的趋势。亚洲各国为了在未来世界经济新格局中谋求更大的话语权，合作意愿比以往更强烈，这为中国参与国际经济合作创造了良好的外部环境。中国作为区域性大国，在推进国际区域合作，特别是国际次区域合作方面有着特殊的利益和举足轻重的地位。早在"十一五"期间，国家就出台了一系列区域规划，明确了各区域参与国际区域合作的主要对象，部分规划甚至在国际区域合作中有新尝试。

　　跨国旅游合作是区域经济发展中区际分工与联系现象的一种表现形式，是获得区域旅游竞争优势、实现旅游业可持续发展的重要选择。欧盟旅游业跨国合作是世界旅游业区域合作成功的范例，它是在欧盟、各成员国政府、企业、社会团体的共同推动下实现的，合作的内容涉及政策法律、协调机制、市场、信息、教育培训等，为欧盟带来了政治、经济、社会等多重效应。我国当前正面临由旅游大国向旅游强国的转变，国内旅游业的区域整合和跨国旅游合作成为提升我国旅游业竞争力的重要举措，如泛北部湾海上跨国旅游、图们江区域跨国旅游合作、吉林省与俄罗斯的跨国旅游合作等，均获得了良好的经济、社会效益。与此同时，旅游业跨国合作的政治效应还能为我国经济建设创造良好的周边环境和国际环境。

跨国旅游合作的重要推动作用受到了中蒙两国政府的高度重视。1991年中蒙边境开放；1992年国家旅游局同意开展中蒙边境旅游，批复了3条边境旅游线路；2003年举办了中蒙两国旅游推介交流会；2005年蒙古国政府相关部门访问内蒙古自治区，友好协商中蒙旅游合作有关事宜；2006年中国国家旅游局新批复了2条边境旅游线路；2009年开通了新疆地区首条中蒙边境旅游线路；2012年蒙古国文体旅游部代表团访问了内蒙古自治区，就进一步加强中蒙旅游合作等问题深入交换意见；2014年开通了内蒙古自治区赴蒙古国旅游的"草原之星"铁路专列；2015年，中蒙最大陆路口岸二连浩特首次迎来由蒙古国乌兰巴托出发，从二连浩特口岸入境，终点为鄂尔多斯的"茶叶之路"蒙古国自驾游团队，打破了多年来中国赴蒙古国自驾游的单向格局。

跨国旅游合作也成为中俄战略合作伙伴关系的创新点。1991年满洲里与赤塔市之间的对等交换旅游团开始运作，并逐步扩大到海拉尔、拉布达林、赤塔三日游；1992年国家旅游局批准延吉市与符拉迪沃斯托克开展中俄边境四日游；1997年俄罗斯成为我国入境旅游第三位客源国；2005年中国成为俄罗斯第二大旅游客源国；2006年开始互办"俄罗斯年"和"中国年"主题活动；2008年中俄双方签订未来五年的旅游合作计划；2011 年中俄旅游年启动仪式在北京举行；2012 年开通哈尔滨至符拉迪沃斯托克的国际旅游专列；2014~2015 年中俄两国互办"中俄青年友好交流年"；2016 年 3 月，由中俄两国媒体记者及中国各大旅行团代表组成"茶叶之路"资讯旅行团，出访布里亚特共和国、赤塔、伊尔库茨克、克拉斯诺雅尔斯克、新西伯利亚及叶卡捷琳堡等地，探寻和深层次开发"茶叶之路"旅游线路。

内蒙古自治区地处中国的北部边疆，与俄罗斯、蒙古国接壤，边境线长达 4261 公里。目前，内蒙古自治区有 19 个常年或季节性对外开放的贸易口岸，分布在边境 14 个旗（市）、呼和浩特市和呼伦贝尔市，包括 6 个对俄罗斯开放的口岸、10 个对蒙古国开放的口岸、3 个国际航空口岸，为内蒙古自治区实施跨国旅游合作提供了便利的地缘条件，且 3 个对俄口岸、5 个对蒙口岸开通了边境旅游业务；有 21 条边境旅游线路：对俄罗斯 6 条、对蒙古国 15 条；有 43 家边境游旅行社：经营中俄边境游旅行社 21 家、经营中蒙边境游旅行社 22 家。跨国旅游合作一直受到自治区政府的高度重视，政府采取措施积极搭建平台，代表性的举措有与韩国忠清北道召开旅游交易会（2000）、与俄罗斯联邦赤塔州建立旅游协调联席会议制度（2003）、参加马来西亚国际旅游交易会（2005）、在内蒙古自治区呼和浩特市举办首届中俄蒙三国旅游部长会议（2016）等。近年来，学界和企业界对西部区域旅游合作的理论研讨活动也相当活跃，先后召开了中国西部国际旅游区域战略联盟与协作论坛（2007）、中国西部国际旅游发展论坛（2009）等，均为内蒙古自治区跨国旅游合作的深层次开展奠定了良好基础。近年来，内蒙古自治区与俄蒙旅游合作取得了重要突破，2016 年俄罗斯、蒙古国入境游客分别达 60 万和 88 万人次，分别同比增长了 17% 和 8%。

因此，在国内外多地域、多层次、多领域的跨国旅游合作全面快速发展的大背景下，研究内蒙古自治区与蒙俄跨境旅游合作，不仅能够丰富和完善国内跨国旅游合作体系，而且对推动内蒙古自治区旅游业提档升级将具有重要的理论和现实意义。

第二节　国内外研究现状

一、国外研究现状及趋势述评

通过文献查阅，国外学者对于跨境旅游合作研究起步较早、研究视角多样、内容侧重各异，具有广泛性、深入性与持续性。如 Jean 和 Mary（1987）研究了美墨跨境旅游中的汇率和支出；Dallen（1994）分析了跨境旅游吸引力问题；Tazim B. Jamal 和 Donald Getz（1995）针对跨境旅游合作规划的制定和地方旅游业的协调发展问题，提出了一种持续动态的合作机制；Vinka Cetinski 和 Sanda Weber（1996）探讨了关于在国家之间建立健康的旅游市场合作的可能；Livio 和 Rosaima（1996）对加拿大与美国接壤的 7 个省居民自驾车跨境旅游购物进行了研究；Dallen（1999）从边境旅游资源管理合作的角度对美加边境的国际公园进行了研究；Harald 等（2002）回顾了阿尔卑斯地区的跨境旅游合作历程，对跨境旅游目的地信息网络构建问题及前景进行了分析；Arauj（2002）通过调查巴西北部的跨境旅游发展合作，认为合作应集中于不同尺度上的政府组织与不同职能的公共部门的各方参与；Sanette（2004）以跨境保护区为例，研究了南非旅游发展中存在的问题；Sofield（2006）以大湄公河次区域跨境旅游合作为例，来说明国家之间政治关系和人口流动对国际合作和区域旅游发展的影响；Tomasz 和 Tomasz（2007）以波兰、乌克兰和白俄罗斯三国边境地区为例，提出了跨境旅游组织模式；Jan 等（2010）以波罗的海区域为例对欧盟地区跨境旅游目的地发展问题进行了研究。

二、国内研究现状及趋势述评

国内学者对跨境旅游合作发展的研究始于20世纪90年代，在研究地域上逐步呈现出由我国西南地区跨境旅游合作模式研究向西北地区、东北地区跨境旅游合作模式拓展的趋势。在研究层面上涵盖旅游合作主体、利益分配、产品开发、法制保障等多个环节，并且不断深入。代表性的研究：向翔（1993）提出发展跨境旅游是中、缅、泰、老四国交接地区（"澜沧江—湄公河"）开发的最佳选择；明庆忠和白廷斌（1997）对"澜沧江—湄公河"次区域旅游合作进行了研究，提出了建立旅游合作机制、合作进行旅游规划、合作改善旅游基础设施、进一步发展边境跨国旅游、选择重点旅游线路合作开发、加强次区域旅游方面的其他合作等对策；屈明光（2000）对滇泰加强跨境旅游合作意义进行了分析；温艳玲（2002）分析了环图们江区域中、韩、朝三国的旅游合作现状，以及旅游合作对图们江区域经济的促进作用，并展望了中、韩、朝旅游合作的前景；陈国华和原维妮（2003）提出了构建包括中国的辽东半岛、河北省、山东半岛、韩国东南和西南地区、日本九州地区的环黄海大旅游圈，并从旅游产品开发、旅游市场开发、基础设施与环境建设的完善等方面提出了相应的对策；李嘉、文萍（2004）对中越跨国旅游发展势头进行了评述；黄伟生（2004）对广西和越南旅游合作的优势、现状进行了分析；潘顺安和刘继生（2005）探讨了大湄公河次区域(由中国云南省、缅甸、老挝、泰国、柬埔寨、越南六个国家和地区组成)的旅游合作;王雪芳(2005)提出了环北部湾滨海跨国旅游圈的构想;王哲(2005)探讨了四川省与东盟旅游合作中吸引东盟游客的具体策略;廖国一、杜树海(2006)提出了中越边境跨国红色旅游"金三角"的构想;顾华详(2006)对民族地区与周边国家旅游业区域合作;程玉贤(2007)分析了跨国旅游企业人力资源管理的特殊性;李灵稚和林宁(2009)对东南亚跨国旅游利益分配模式进行了探讨;普拉提·莫合塔尔和海米提·依米提(2009)对新疆与中亚五国跨国旅游合作进行了研究;孔璎红和廖蓓(2010)进行了广西中越边境及跨境自驾车旅游发展研究;曹爽(2010)进行了图们江区域跨国旅游合作研究;黄爱莲(2010)在北部湾区域旅游合作创新研究中提出了泛北部湾跨国旅游圈的构建;夏友照(2011)阐述了建立中俄朝跨境旅游合作区的可行性、对策及建议;王辉和杨兆萍(2011)以新疆为例对跨国旅游合作的驱动因素进行了研究;潘源(2012)对跨国旅游的文化魅力进行了评述;孟萍(2012)对广西东兴"一站式"项目服务跨国旅游和龙州打造中越跨国红色旅游线进行评论;陈焱光(2012)解析了跨国旅游服务的法制保障;刘云(2013)以"孟中印缅旅游圈"区域旅游合作作为案例,总结出相应的合作共生理论等。

国内学者对中蒙、中俄边境地区旅游业发展有所关注,但对中蒙、中俄以及中蒙俄旅游合作方面的研究成果甚少。相关研究包括:辛华(2002)指出了绥芬河发展跨国旅游对拉动经济快速增长的作用;胡仁霞(2003)提出了吉林省开展对俄跨国旅游的新思路;张广瑞(2006)探讨了中、俄、蒙三国旅游合作的意义、条件与方略;刘晓航(2006)提出了整合资源、回归历史,打造中俄"茶叶之路"旅游线的构想;张秀杰(2011年)探讨了中蒙旅游合作发展的策略;严明清等(2011)

探讨了重开中俄古茶叶贸易与文化旅游之路的问题；陈雪婷等（2012）以中国东北与俄、蒙毗邻地区为例，进行了国际区域旅游合作模式的研究；裴冬兰（2013）以中俄朝为中心探讨了东北亚区域旅游开发合作研究的问题；Lim Viktoriia（2014）进行了中国与俄罗斯开展国际旅游合作的策略研究；2015年中蒙俄旅游合作会议在珲春举行，签署了《吉林宣言》；葛欣（2016）探讨了中俄蒙区域旅游合作机制研究的问题；刘丽梅（2016）进行了中蒙俄旅游合作及其发展策略的研究。

关于内蒙古自治区与蒙俄跨境旅游合作模式的研究尚未发现，仅有两篇涉足内蒙古自治区与蒙俄跨境旅游合作方面的研究，如依博亮（2016）探讨了内蒙古自治区中俄边境地区体育旅游项目开发的问题；海伦（2016）在分析蒙古国与中国内蒙古自治区的旅游竞合发展现状及问题的基础上，提出了构建和谐区域旅游发展新格局的发展构想。

第三节 研究内容与研究方法

一、主要研究内容

首先，在借鉴和吸收国内外相关文献资料的研究成果、综合运用相关学科理论的基础上，筛选典型的跨国旅游合作案例，如欧盟旅游一体化模式、图们江跨国旅游合作模式、以尼亚瓜拉大瀑布为例的美加跨国旅游合作模式等，分析各自的适用条件并总结它们的合作模式。

其次，通过对内蒙古自治区实施跨国旅游合作具体地区的相关文献及统计资料的收集与整理，重点分析内蒙古自治区19个对外开放口岸进行跨国旅游合作的可行性，界定当前内蒙古自治区实施跨国旅游合作最佳旗（市）或口岸的范围，确定实施跨国旅游合作最佳旗（市）或口岸需要进一步完善的具体信息及内容，并开展实地调研。

再次，对文献资料与实地调查结果进行汇总整理，展开内蒙古自治区跨国旅游合作现状及条件分析；对比分析国内外跨国旅游合作模式的特点及适用条件，并结合内蒙古自治区实施跨国旅游合作的具体地区实际情况，确立内蒙古跨国旅游合作模式。

最后，紧密围绕已确立的合作模式，主要从政府和企业两个角度提出促进内蒙古自治区跨境旅游合作的具体举措包括建立协调机构、搭建信息交流平台、共同开发旅游市场、改善旅游环境和深化旅游产品的开发、加大宣传力度共同打造旅游目的地等，并最终给出实施内蒙古自治区跨境旅游合作战略。

二、研究重点、难点

通过本书的研究，力求在以下三方面有所突破：①打破以往内蒙古区域旅游合作相关研究中只关注与周边邻近省市间旅游合作、自治区内12盟市间旅游合作两个层面的局限，拓展研究领域并弥补内蒙古自治区跨国旅游合作研究的空白；②对比分析国内外典型跨国旅游合作模式的特点及适用条件，分析内蒙古自治区跨国旅游合作现状，为内蒙古自治区跨国旅游合作模式的确立提供依据，增强其可操作性；③紧密围绕确立的内蒙古自治区跨国旅游合作模式，深入剖析促进内蒙古自治区跨国旅游的具体举措，力求能为内蒙古自治区具体区域跨国旅游合作的实施提供思路。

本书研究重点在于内蒙古自治区跨国旅游合作模式和具体实施策略

的确立。

本书研究难点表现在三个方面：①系统梳理国内外典型跨国旅游合作模式及其适用条件；②由于实施内蒙古自治区跨国旅游合作的具体地区为县乡一级，因此旅游业发展相关数据获取具有难度；③内蒙古自治区与俄蒙跨国旅游合作相应区域数据的获取，也加重了工作难度。

三、研究方法

本书在进行研究中将主要采用：①文献研究法：在对国内外相关文献进行纵向和横向的研读、梳理和评述的基础上，选取并运用相关理论和方法进行问题分析和对策设计；②比较分析法：在合作条件和合作模式进行充分比较分析的前提下，才能真正借鉴其经验，形成赋予内蒙古自治区特征的研究成果；③实证研究法：对内蒙古 19 个对外开放口岸进行筛选和实地调研，为研究提供第一手资料；④系统研究法：全面考察内蒙古跨国旅游合作的目标主体、动力机制、管理模式和经营方法，系统化地实施对策，以确保研究成果的可操作性；⑤跨学科研究方法：采用国际关系管理学和旅游经济学等多学科理论，追求研究方法的规范性和实际性。

第二章

跨国旅游合作概述

第一节　相关概念

一、区域旅游合作

不同的学者根据各自的研究目的，对区域旅游合作的定义有不同的版本。薛莹（2001）认为，区域旅游合作是指区域范围内不同地区之间的经济主体，从各自的利益出发，依据一定的协议章程或合同，自愿进行的协作性和互利性的旅游经济活动；伍鹏（2002）从合作内容的角度指出，区域旅游合作是以区域相邻与接近性、旅游资源和社会经济相对一致性与差异互补性、线路贯穿与畅通性等原则为基础，合作各方共同编制旅游规划，建设旅游基础设施，进行旅游产品的开发与客源市场的开拓，进行旅游产品的宣传与促销，营造旅游形象和旅游环境及实行旅游企业的联合经营管理等，实现区域旅游业健康可持续发展；王雷亭等（2003）认为，区域旅游合作是指区域范围内不同地区之间的旅游经济主体，依据一定的章程、协议或合同，将资源在地区之间重新配置、组合，以获取最大的经济效益、社会效益和生态效益的旅游经济活动；钱益春（2004）将区域旅游合作定义为在一定地域范围内，不同地区之间的旅游经济主体根据一定的章程或协议，让旅游要素自由流动和重组，形成一个有内聚力的旅游区域，以获得最大的经济效益、社会效益和生态效益的旅游活动。

综观上述定义，本书中区域旅游合作是指区域范围内不同地区之间的经济主体，依据一定的协议、章程或合同，将旅游资源在地区之间重新配置、组合，以便获取最大经济效益、社会效益和生态效益的旅游经济活动。区域旅游合作是区域旅游业发展到一定阶段的产物，是实现旅游业持续增长与发展的必然选择。

我国的区域旅游合作于 20 世纪 80 年代中期，到目前为止在空间上形成了包括跨国区域旅游合作、国内跨省（市）旅游合作、省区内跨县（地级市）旅游合作在内的三个空间层次结构。总体上沿着国内发达经济区域之间的旅游合作先行，促进国内沿海、沿边地区与周边国家跨国的区域旅游合作，继而带动国内更大范围区域旅游合作的格局演进。这些旅游区域合作体在与旅游相关的政策法规制定、旅游区域发展计划编制、区域旅游产品开发、整体旅游线路设计、旅游客源地市场营销、旅游基础设施建设以及资源环境保护等多个方面开展了广泛合作，推动了中国区域旅游一体化发展。事实上，区域旅游合作发展的最终目的是构建一个无障碍的、共同受益的"旅游圈"。

二、跨国旅游合作

有关跨国旅游这一概念，我国在 1997 年 10 月颁布的《边境旅游暂行管理办法》中指出，边境旅游是特指经批准的旅行社组织和接待我国及毗邻国家的公民，集体从指定的口岸出入境，在双方政府商定的区域和期限内进行的旅游活动。这一界定认为边境旅游不仅是一种跨国旅游，也是国内旅游的延伸。

广义的边境旅游指旅游者在双方国家边境地区进行的旅游活动，可以划分成四种形式：本国旅游者在本国边境地区进行的旅游，本国旅游者经过边境口岸到邻国边境地区的跨境旅游，邻国旅游者在其国家边境地区进行的旅游，邻国旅游者经过边境口岸进入本国边境地区的跨境旅游。本书主要研究"我国旅游者经过边境口岸进入邻国边境地区的跨境旅游"和"邻国旅游者经过边境口岸进入我国境内的跨境旅游"两种形式。

跨国旅游合作的内涵表现在三个方面：①不同国别旅游主体之间进行的有关旅游各方面的协作活动。以地缘为载体，依照一定的章程、协议或合同，将旅游资源在地区之间重新配置、组合，形成新的旅游产品（往往打破行政区域），实行联合营销、统一管理，以获取最大的经济效益、社会效益和生态效益的旅游经济活动。这有利于形成大产业、大市场、大旅游、大发展的格局，从而实现资源共享、市场共建、客源互送、利益共赢的目标。②遵循市场经济规则，并以契约的形式来约束合作方的行为，保证合作方的合法权益。边境作为国家的防卫前沿，口岸是国家的门户，边境旅游的开展必须有利于边防的巩固、边疆的稳定，因此制定边境旅游政策必须从国家的整体利益出发，不能仅从一个地区、一个部门的局部利益出发；而且边境地区又多是少数民族集聚地区，边境旅游活动的开展要特别强调少数民族的特点，以促进少数民族地区社会经济发展为主要目标。③使合作方获取最大的经济、社会和生态效益。区域共生效益、互补效益、整体效益是构成区域旅游合作形成和发展的动力机制。区域旅游合作可以提高区域整体实力，实现全局共赢、资源共享；获得成本优势、形成市场互换，保证较为稳定的客源，有利于提高区域抗风险能力，营造大旅游格局；打破行政区划所形成的某地区旅游资源空间分布分散、原有线路时间耗费太长的不经济、不现实局面；打破传统旅游企业小、弱、散、差的格局，使旅游业做大、做强、做实，以应对经济全球化的挑战，增强区域的旅游竞争力，获得更大的旅游经济效益，促进区域旅游经济开发和社会、经济、环境的可持续发展。

跨国旅游合作目前主要在各国边境（界）展开。开放的边界有利于边界两侧的社会经济交流，从而更好地发挥国（区）际比较经济优势和规模经济效应。边界作为国与国互相沟通的载体，应该把能促进经济发展的原材料、人力、信息、技术等因素，以类似于放行的手段引入本国；同时，将那些不利于其经济运行的原材料、人力、信息、技术等因素隔离在外。若边界更多地体现出中介效应而非屏蔽效应，将提高各边境国家的经济福利。跨国旅游合作中的基本要素在于各个合作节点，而边境口岸是跨国旅游的一种特殊空间节点。以边境口岸建立起来的合作地带通常处于相邻国家（地区）间旅游合作、开发的优选区位，具有极强的旅游导引功能与良好的可达性，是跨国旅游合作初期阶段的基本空间形态之一。

第二节　相关理论分析

一、区域旅游竞合理论

区域旅游竞合组织是通过区域旅游系统内部旅游产业各要素相互作用发展到一定阶段后，由各自具有行政隶属关系的旅游地自愿结合而成的。作为一种新兴的组织形态，区域旅游竞合组织具有和一般意义上的经济组织共有的特性，如整体性、预决性或目的性等，同时也具有自身的特殊性，即区域旅游地的自组织性和区域旅游领域的逐利性。其目的性或预决性，呈现出多元化的特点，包括解决旅游就业、保持旅游经济的稳定、追求旅游规模的扩大等目标，而非单纯的成本收益分析。

区域旅游竞合模式是针对主导旅游资源相似的邻近地域而提出的一种旅游发展模式。主导旅游资源相似且地域邻近的旅游区之间存在竞争关系是必然的，那么在竞争的前提下如何加强旅游区之间的合作，共同开发、经营和盈利，实现区域旅游一体化，则需要运用竞合模式来协调旅游区之间的关系。本书重点研究内蒙古自治区与俄蒙跨境旅游合作的可行性及实施举措，主要以内蒙古自治区 19 个对外开放口岸为研究对象，包括 6 个对俄开放口岸、10 个对蒙开放口岸及 3 个航空口岸。虽然其分布较为分散，开放时间和口岸建设程度等也不尽一致，但作为旅游节点，边境口岸的共性和毗邻区域旅游资源的相似性却成为构建内蒙古自治区跨境旅游合作模式需要重点考虑的问题。

但是并非所有主导旅游资源相似且地域邻近的旅游区都可以利用竞

合模式来协调，通常需要满足以下条件：①地理位置邻近，交通条件便利；②旅游区有相似的主导旅游资源并兼有互补性，且资源的价值相当，均可容纳一定数量的旅游者；③旅游区的知名度相当，或一个旅游区的知名度高，而另一个旅游区也已为一定数量的游客所感知和认可；④旅游区必须有开展旅游业所必需的较完备的基础设施；⑤旅游区内可以开展丰富多彩的旅游活动，能给游客留下美好的旅游经历；⑥有一定的合作基础，以期能在短期内构建空间旅游体系，增强整体竞争实力；⑦其他条件，如管理水平、服务水平等。该理论主要的应用领域是协调区域间各利益方的关系，以保证旅游业顺畅的发展；同时，为区域制定竞合策略及策略的实施提供一定的理论支撑。

二、核心—边缘理论

1966 年美国区域规划专家 J. R. Fried Mann 根据前人有关区域经济增长和相互传递的理论，系统提出了核心—边缘理论模式。该理论认为，任何一个国家都是由核心区域和边缘区域所组成的。核心区域是一个城市或城市集群及其周围地区组成的，往往是工业发达、技术水平较高、资本集中、人口密集、经济增长速度快的区域，包括国内都会区、区域的中心城市、亚区的中心和地方服务中心。边缘区域是那些相对于核心区域来说经济较为落后的区域，它的界限是由与外围的关系来确定的。根据该理论，在区域经济增长过程中，核心与边缘之间存在不平等的发展关系：总体上核心居于统治地位，边缘在发展上依赖于核心；但二者的空间结构地位不是一成不变的，其边界也会发生变化，经济的区域空间结构不断变化、不断调整，最终达到区域空间一体化。

旅游资源的区域差异是客观存在的，它导致区域中出现了核心旅游区，同时也存在旅游资源的边缘区。同一区域有可能会存在两个或两个以上的核心，促进核心—边缘区域关系的变动和转型，达到促进区域旅游增长的目标；贯彻邻近联动的原则，突出核心—边缘结构中的资源优势互补而不是空间替代竞争；以交通线路为媒介，进行区域经济合作，带动边缘区成为新的经济增长点。核心与边缘地区应该是一种平等竞争、优势互补的合作，最终达到共赢的空间关系。

三、点—轴渐进扩散理论

点—轴渐进扩散理论是陆大道院士等在深入研究区域宏观发展战略的基础上，汲取了据点与轴线开发理论的思想，从生产力地域组织的空间过程研究中总结出来的，是据点与轴线开发理论的传承与发展。

点—轴渐进扩散理论有两个理论依据：一是生产力地域组织的演变过程与生产力发展水平有关，这与核心—边缘理论比较相似。在区域生产力较低下时，区域在资源条件、区位较好的地方形成区域发展据点，在据点之间建立交通线。随着生产力的发展，据点的社会、经济等要素的集聚能力加强、据点壮大，在其之间的交通线变成了集交通线、通信线、能源线、信息线等于一体的基础设施束。由于利益分配的矛盾或有中介机会，必然出现新的集聚点，同时交通线得到延伸。这种模式不断反复演变，整个区域便形成了不同等级的城镇与交通线组成的"点—轴系统"空间结构，最后便形成高级阶段的网络空间结构。二是事物相互引力和扩散方式具有普遍性。生产力各要素如劳动力、基础设施等，会因为具有向较高经济与社会利益的趋向性产生相互引力而集聚于点上。集聚到一定阶段，这个点又要向周围辐射其影响力，包括资本、劳动力等，形成扩散；一般扩散也是随成束的线状基础设施方向渐进推移的。

区域旅游发展条件的客观不均衡性要求区域旅游开发遵循点—轴渐进规律，区域旅游发展初期应重点开发增长点极即重点旅游景区（点），同时选择重要的区域旅游轴线进行重点建设，使区域旅游发展空间通过旅游交通与旅游线路的发展联成一个有机的旅游空间结构体系，即形成由不同等级的旅游节点和旅游发展轴线组成的区域"点—轴系统"空间结构。点—轴渐进式扩散对区域旅游发展的推动作用明显比单纯的点状开发方式效果要好，它实际是沿着从点到线到面的线索进行区域旅游发展，最后使区域旅游形成一种网络状的高级发展模式。这将有利于区域旅游发展要素在区域内的流通，使区域旅游开放式发展。在客观上要求区域旅游必须统一规划、统筹发展、相互配套，从而使区域旅游形成一个有机的整体。

第三节　动力机制分析

一、合作的主体

合作关系形成的前提是优势互补，推动合作关系发展的动力是合作主体能够在合作过程中实现利益共赢。区域旅游合作是一种特殊的合作关系，它是以区域优势互补为基础，解决旅游资源的不可移动性和旅游者选择性之间矛盾的一种区域旅游发展格局。

区域旅游合作的主体由两个层面构成，即地方政府和旅游企业。以政府为主导，推动跨国旅游合作的，称为政府主导型合作模式。以市场为主导、企业为主体的跨国旅游合作，称为市场主导型合作模式。我国旅游业是政府主导型，政府是旅游合作的第一主体，旅游企业是第二主体，地方政府追求地方利益（社会、经济和环境效益）的最大化，而旅游企业根本上受经济利益的驱动。区域旅游合作发展的过程实际上就是旅游合作主体利益的博弈过程。

区域旅游合作的主体主要有政府和企事业单位，健全的市场是旅游企业合作的基础，高效的协商机制是合作关系健康发展的关键因素。链接机制运作得好，则推动区域旅游业的发展；相反，如果链接机制无效，区域旅游合作则成为虎头蛇尾，甚至名存实亡（见图2-1）。

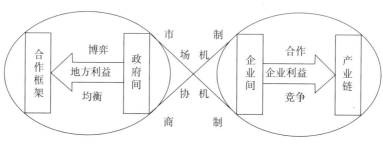

图 2-1　区域旅游合作机制模型

二、利益关系

开展跨国旅游合作双方或多方的利益关系，主要表现于潜在的经济效益、社会效益和生态效益三个层面。

1. 经济效益

区域旅游合作可以整合旅游资源、降低旅游投入成本、提高旅游竞争力，从而获得更大的经济效益。无论从世界范围还是一国境内来说，区域与区域之间旅游资源的数量、结构、质量、分布不可能完全一样，主导旅游资源也会有明显的差别，区域之间的资源均具有互补性。旅游资源的空间分布是不可移动的，实行区域之间的旅游合作可以跨越这种地理限制，充分利用区域内外的旅游资源，在更大的范围内实现包括旅游资源在内的众多旅游产业发展相关资源的优化配置，达到市场共享，提高合作区域的整体旅游竞争力。

2. 社会效益

在微观层面上，区域旅游合作不仅可以迎合旅游者的需求、顺应消费者市场需要的发展，扩大内需、从而提高消费指数，而且还可以大大提高区域的知名度，促进区域间多层次、全方位的合作，同时带动区域间其他领域的合作项目的开展，以致产生一系列的连锁效应。

在宏观层面上，区域旅游合作还可以减少地区冲突，维护和平，保持社会稳定。各国或地区之间都有自己的政治立场或独立利益，在复杂的政治、经济的交往中经常会触及各自的利益，从而产生区域冲突。当冲突发生时，就需要双方采取协商的方式来进行协调。而旅游合作往往是打开尴尬局面的钥匙，无论是朝韩的金刚山旅游的合作开发，还是海峡两岸的旅游合作，都说明了区域旅游合作能在减少冲突、维护和平方面发挥独有的作用。内蒙古跨国旅游合作，可以凭借满洲里和二连浩特等中蒙、中俄边贸口岸历年来与中蒙、中俄边境地区开展跨境旅游合作的基础，结合当前各国发展实际，在边境地区旅游资源调查与评价、旅游线路开发、旅游协调机制建立、旅游宣传营销等多领域展开合作，以推进旅游合作由边境口岸旅游向各国内地省份的发展，从而带动各国边境地区经济发展。

3. 生态效益

区域旅游合作还可避免旅游资源的重复开发，并有利于生态环境的联合保护和可持续发展。各区域在旅游资源、旅游线路、旅游项目开发和旅游设施建设方面都需要投入大量的资金、人力和物力，单个旅游主体的解决能力毕竟有限，为了降低开发的成本和提高环境治理和保护的效率，区域之间的合作势在必行。另外，由于跨境河流、山脉、海域的存在，这种跨省甚至跨国的区域旅游合作经常发生。例如，金刚山山脉跨朝、韩两国境内，对于金刚山旅游项目的开发，朝韩两国正在积极进行。兼顾中国内蒙古自治区与俄蒙两国边境地区生态效益，进行相关旅游合作，有利于各国边境旅游可持续发展。

三、合作条件

合作条件能够对合作主体产生作用，因此也被称为动力因素。这种动力因素主要由基础因素和市场因素构成。东北亚地区的政治经济环境复杂，大部分国家都属于发展中国家，且政治经济体制存在着较大的差异性，在目前的政治经济条件下尚不能实现较高形式的区域经济一体化。因此，跨境经济合作无疑是东北亚地区适应经济全球化的最现实、最优化的选择。

1. 基础因素推动区域旅游合作

区域旅游合作的基础因素主要包括旅游资源、区位条件和区域经济背景。其中前两个因素起到至关重要的作用。

旅游资源的差异性、相似性和同质性都可能成为区域旅游合作的基础。旅游资源的差异性使区域之间的旅游资源构成互补关系，有利于区域之间进行互补整合，打造新的市场形象；资源的相似性有利于联合不同行政区域的旅游资源，从而将区域旅游规模化；旅游资源的同质性有利于区域之间共同培育市场，形成叠加优势。

区位是地区成长的一种重要资源，区位条件主要通过地理位置、交通、经济、文化、信息等相互作用和密切联系而发挥作用，在现代产业布局、经济地域形成、旅游产业发展中的作用日益凸显。中国内蒙古自治区与蒙、俄两国地缘优势明显，拥有15个铁路、公路、航空及水运口岸，交通便捷，国际贸易往来频繁，近年来在文化交流与信息互通方面的成效尤为突出。中国内蒙古自治区与俄蒙两国边境地区跨国旅游合作，不仅可以压缩旅游项目开发的时间，还可以扩大旅游项目发展规模，从而提高经济和社会效益的回报率。从经济发展实践来看，资源配置的区域范围越大，其实现最优配置的可能性就越强，进行区域旅游合作就是扩大旅游资源配置的区域空间和增强资源配置优化选择的可能性。

不同的区域经济背景决定了区域旅游的市场规模、市场的开发程度、市场的合作性和区域内旅游消费者需求等因素的不同。在经济发达地区之间进行的区域旅游合作往往是双向的，即互为目的地和客源地的合作旅游；在经济发达地区与欠发达地区之间的旅游合作往往是单向的，即目的地和客源地之间的合作；经济欠发达地区之间的旅游合作往往是目的地之间的合作。中、韩两国是互为目的地和客源地的合作。现阶段中、朝之间的旅游合作由于政治原因的影响，是单方向的合作，中国为朝鲜的客源国。中、俄蒙之间则以边境游为主，是互为目的地和客源地的双向合作。

2. 市场因素拉动区域旅游合作

满足旅游者的需求是获得利益的前提，只要旅游者有需求，市场就会提供各种服务设法满足。旅游活动归根结底是旅游者在空间上的流动，它不受行政管理区划的限制，人们只是随性而至，来实现身心的愉悦。随着旅游者需求的不断扩张，内容丰富的中小区域的旅游休闲度假逐渐兴起。内蒙古自治区与蒙俄边境线长达4261公里，对外开放口岸达19个，各口岸所依托省份及辐射区域不同。就旅游资源类型、特色等来看，既有相似性又存在很大差异；不同风格的旅游景区，大大满足了旅游者的需求。便捷的旅游交通、良好的国际政治关系、较为成熟的边境旅游发展机制等，使该区域跨国旅游合作成为必然趋势。这种合作会增强旅游目的地之间的联系，有利于联合开发，整合旅游资源，节约成本，为旅游者提供整体产品，不仅扩大了旅游规模，还有利于提高服务质量，同时也避免了旅游项目的重复开发。

第三章

内蒙古自治区与蒙、俄跨境旅游合作 可行性分析

中、蒙、俄三国在促进旅游业发展方面有着共同的利益基础，开展内蒙古自治区跨国旅游合作既能够实现边境口岸地区优势互补，加速一体化进程，获得良好的经济效益，又能维护边境地区和平与安全。

第一节　内蒙古自治区实施跨国旅游合作的意义

一、有利于国内沿边开放战略的实施，促进国内整体对外开放格局的形成

在沿边开放方面，俄罗斯、蒙古的经济结构特点，都是自然资源非常丰富，尤其是俄罗斯西伯利亚地区的草场资源优势突出。同时，俄罗斯西伯利亚地区、蒙古国在轻工业和消费品工业方面又比较落后。这与

我们国内的产业结构形成明显的互补关系，内蒙古自治区在这样一个双边结构差异之间就能够发挥"北开南联，东进西出"战略优势地位的作用：一方面，输入国内紧缺的矿产、木材、畜产品等资源，支持国内新型工业化和全面建设小康社会的历史进程，保障国内的需要；另一方面，能有效地开拓俄罗斯西伯利亚地区和蒙古国的市场，使国内的消费品、制造业的生产市场扩大。

以内蒙古自治区跨国旅游合作为契机，促进国内的沿边开放战略的实施，促进国内整体对外开放格局的形成，提高我国在东北亚的国际经济地位，加强东北亚地区国际经济技术合作。这一点既对内蒙古自治区有重要意义，也对我们国家的对外开放有重要意义。

二、顺应中国由"旅游大国"向"旅游强国"转变、深化旅游发展的潮流

随着中国边境口岸的相继开放，边境区域的经济逐渐走上了快速发展的轨道，区域的整体发展也开始由冷变热。依靠自然的地缘优势，边境旅游得到了空前的发展。边境旅游作为一种特殊的旅游形式，不仅可以增进邻国间的友谊、促进边境区域稳定、提高边境居民生活水平，还可以分散国内过于集中的旅游流，延长远程游览长线链，满足远程旅游的需求。国家对边境区域的发展，尤其是旅游业的发展，开始给予更多的关注。随着经济、社会、文化、政治的快速发展，中国在世界舞台上的位置日趋重要。同时，中国被预测为 2020 年世界上最大的入境旅游目的地。因此，大力发展、完善边境地区旅游业，具有划时代的重要意义。

2015 年 10 月，首届中蒙博览会吸引了近万名中国及蒙古国、俄罗

斯、马来西亚等国家和地区的官员、企业家、参展商参与，为中蒙两国乃至东北亚贸易投资和人文交流搭建了崭新的平台。合作领域涉及能源、化工、装备制造、建材、农畜产品加工、商贸物流、旅游、基础设施建设等。

三、推进多极化趋势，促进中蒙俄当代国际关系的健康发展

在应对影响旅游业发展的传统和非传统因素时，只有通过多边合作才能得以更好地解决。内蒙古自治区跨国旅游合作顺应了生产力超越国界发展的要求，将推动中蒙俄三国在经济领域合作的加强；有助于各国通过磋商和协调来解决彼此间的矛盾、加强合作，在维护地区和平和促进地区繁荣与稳定方面做出贡献；可以壮大中蒙俄共同参与国际竞争的力量，增强在地区或国际事务中的话语权，从而促进国际政治力量变化和国际政治经济多极化的发展。

四、加强中蒙俄的经济联系、加深相互依存程度，促进区域内经济一体化

中蒙经贸合作近年来稳步发展、势头良好，中国连续多年保持对蒙最大的经贸伙伴地位，铁路、公路等基础设施建设方面也取得了重要进展。2014 年，内蒙古自治区在支持二连浩特国家重点开发开放试验区建设的政策中，专门就两国道路交通等基础设施建设确定一系列具体项目。2015 年以来，中蒙俄三国通过经贸互联互通圆桌会议和海关、口岸、铁路部门联席会议，加快推进完善基础设施、提高通关能力的进

程。互联互通的基础设施建设，不仅畅通着国家之间的经济贸易交往，而且拓展着"国之交在于民相亲"的广阔社会领域和文化交流。

内蒙古自治区跨国旅游合作涉及的中蒙、中俄边境口岸，可以充分利用自然、人文等旅游资源，吸引世界各地旅游者，为国家赚取大量外汇，增强金融抗风险能力；充分发挥国际游客对旅游行业内的住宿、餐饮、娱乐等行业的直接拉动作用，对交通运输业、加工制造业、零售业等的间接促进作用，带动相关产业发展；充分发挥旅游业能够提供大量就业岗位，且大多数基层岗位对学历和技术要求并不高的特点，对国民受教育程度普遍偏低的中俄蒙边境地区，提供了促进就业的机遇。

五、增进中蒙俄国家间人民的相互了解、加强友好关系，推动世界和平与发展

中蒙俄三国的人文交流硕果累累。仅在 2014 年中蒙两国在教育、科技、文化、卫生、旅游、体育、青少年交流等领域就开展了 20 余项活动，诸如互办文化周、歌曲演唱大赛、汉字书法大赛、体育赛事等，人文交流成为深化两国人民友谊的推进器。2015 年 9 月成立了中俄蒙智库合作联盟，它由 30 多家高校和科研院所组成，致力于中蒙俄三国的深入了解，将通过开展国家级、国际性的文化、学术交流活动，努力增进三方政府、民众间的了解和信任。2015 年 10 月，首届中蒙博览会在内蒙古自治区呼和浩特市举行，近万名中国及蒙古国、俄罗斯、马来西亚等国家和地区的官员、企业家、参展商参与，为中蒙两国乃至东北亚贸易投资和人文交流搭建了崭新的平台，也是促使中国"丝绸之路经济带"、蒙古国草原之路和俄罗斯跨欧亚大铁路倡

议加快对接的有效平台。

充分发挥内蒙古自治区与俄蒙边境口岸优势，开展跨国旅游合作，能够有效促进国际游客在领略异域风情、自然风光和名胜古迹的同时，了解他国人民的生活方式、风俗习惯、道德素养，可以加深双方的认识和理解、消除不同国家人民之间由于某种原因而造成的偏见和仇视，促进各国人民之间的友好往来，加深人民之间的相互了解和感情，形成热爱和平、反对战争的强大民间力量，有效减少世界的不稳定因素、增加和平因素，从而对维护世界和平起到积极作用。

六、有效推动多元文化交流活动的开展，推进中蒙俄外交良性发展

内蒙古自治区跨国旅游合作的开展，可以有效推动中蒙俄多元文化交流活动的开展，积极促进不同文化间的传播和理解，从而使旅游资源特别是人文资源，作为人类创造的物质和精神财富，具有文化的传承性。

在跨国旅游合作中，来自不同国家和地区的文化差异无疑将对他们的社会互动产生直接的影响。不同文化背景的旅游者参与旅游活动的目的是追求文化需求获得满足，基于人们对新事物好奇的本能和对差异的文化产生体验和感知的冲动，并不会对差异的文化产生歧视和敌意，慢慢地通过相互接触和沟通，达到理解和认同。因此，国际旅游合作对促进多元文化交流活动的开展具有积极意义，是民间外交的一种重要形式，是国家间外交政策的补充手段，直接或间接地为外交政策目标服务。

第二节　内蒙古自治区跨国旅游合作的有利条件

一、国内外发展环境良好，内蒙古自治区跨国旅游合作开展的外部环境稳定

1. 和谐的国际政治格局

综观国际政治格局，中国与周边国家政治局势稳定。和谐的政治格局对于拥有众多边境口岸的内蒙古自治区经济发展来说如虎添翼，同时也为地区边境旅游的发展搭建了广阔的平台，加强了区域内边境城市与邻国的双边、多边旅游合作。良好的国际政治环境，使内蒙古自治区边境旅游迅速发展壮大，并且逐渐成为一个新的经济增长点。

2011 年 12 月 16 日，俄罗斯正式加入世界贸易组织。俄罗斯"入世"和已获批的"远东和贝加尔地区 2025 年前社会经济发展战略"标志着俄罗斯远东地区新一轮的开发正式拉开序幕，也为具有明显区位优势的内蒙古自治区对俄口岸地区带来新的发展契机。与此同时，2012年和 2013 年，中俄互办"旅游年"，为两国的旅游发展带来了前所未有的机遇。随着中俄战略协作伙伴关系全面、深入的发展，两国旅游合作焕发出勃勃生机，这些优势无疑都会将内蒙古自治区边境地区开展对俄旅游合作推上历史的新高度。

2. 良好的国内大环境

目前，国内经济形势良好，国内大环境安全稳定。国家对北疆地区

的重视度不断上升，为内蒙古自治区边境地区对俄、对蒙旅游合作的发展创造了优越的环境。旅游业本身也在逐步趋于完善，旅游作为区域性、世界性行为，早已打破行业的界限、行政区域的限制，破除了传统捆绑旅游业自由发展的束缚。为了产生更大的市场效应，同一区域的旅游业联合起来，资源共享、优势互补；以合作促进发展、以合作应对竞争成为趋势，为内蒙古自治区边境地区旅游业的发展指明了正确的方向。

二、边境线长、对外开放边境口岸数量多，跨国旅游合作开展的地缘优势明显

内蒙古自治区作为横跨东北、西北的区域，素有"东林西铁、南粮北牧、遍地矿藏"的美称。内蒙古自治区东部与黑龙江、吉林、辽宁三省毗邻；南部、西南部与河北、山西、陕西、宁夏四省区接壤；西部与甘肃省相邻；北部与蒙古国为邻；东北部与俄罗斯交界。19个边境口岸地区与邻国对应城市直接由公路、铁路、河运航线及航空线路等交通线路相连接，成为内蒙古自治区乃至北疆地区对外开放、开展国际贸易和边境贸易的门户。以边境口岸建立起来的合作地带通常具有极强的旅游导引功能与良好的可达性，成为相邻国家（地区）间旅游合作开发的优选区位，也是跨国旅游合作初期阶段的基本空间形态之一。以内蒙古自治区所辖的满洲里口岸为例，它是全国最大的铁路口岸、中俄最大的贸易口岸，被誉为欧亚第一大陆桥的桥头堡。早在1992年，国务院就批准满洲里市对外开放，并批准开办满洲里至俄罗斯赤塔和乌拉乌德的边境旅游，使满洲里市经济开始出现跳跃式发展的局面。与内蒙古自治区接壤的俄罗斯赤塔州也把发展地区旅游业作为地区经济发展的主要任务，不断推动中俄边境旅游的发展。

三、中蒙、中俄相关边境贸易协定基本完备，为跨国旅游合作提供政策保障

1. 中蒙方面

边境贸易是毗邻国家之间特有的一种贸易形式，是国家对外经济贸易的重要组成部分。在中国的边境贸易中，中蒙边境贸易一直扮演着重要的角色。中蒙两国边界线长达4710公里，自中蒙贸易关系正常化以来，双边边境地区的经贸得到了巨大的发展。随着国家提出"西部大开发"战略，西部边境地区的边境贸易发展受到了广泛关注，包括中俄边境贸易和中蒙边境贸易等。国家也相继出台一系列鼓励边贸发展的法规和政策，如2005年6月，国务院出台了《关于促进东北老工业基地进一步扩大对外开放的实施意见》，2007年制定了《东北地区振兴规划》；与蒙古相邻的呼伦贝尔市、兴安盟、通辽市、赤峰市和锡林郭勒盟等地区都是重点规划的地区，政策优势与区位优势为东北地区乃至整个中国扩大对蒙古的贸易提供了契机。2010年6月1日温家宝访问蒙古国，与蒙古国总理巴特包勒德在乌兰巴托举行会谈并出席了9个合作文件的签字仪式，《中蒙政府间边境管理制度条约》是其中之一，此条约对保护蒙古国边境、预防边境违法行为、强化法律环境以及对两国边境地区的经贸关系在法律环境下发展提供了便利。2014年签订《关于建立中蒙经济合作区的谅解备忘录》，并启动二连浩特—扎门乌德跨境经济合作区建设，中蒙跨境经济区中方区域的前期工程也取得明显进展，对推进二连浩特—扎门乌德跨境旅游合作区建设具有重要推动作用。

2. 中俄方面

苏联解体、东欧剧变以后，人们曾对中俄关系走向存有疑虑。然而，十多年的实践充分证明，中俄关系的发展总体来说是比较顺利的，在政治、经贸、安全、外交、文化、科技等领域都有显著成就，尤其是1996 年中俄战略协作伙伴关系的确立和 2001 年《中俄睦邻友好合作条约》的签署都标志着两国政府和人民决心将全方位、多层次的双边关系推向新的高度，从而为今后的进一步发展奠定良好的基础。中俄两国贸易额自 2000 年以来连续五年的破纪录增长，使两国的贸易达到了一个新水平。

中国是世界上邻国最多的国家，因此边贸在我国对外经济贸易关系中的地位和作用既重要又特殊，与国贸、地贸共同构成了我国经贸的三大支柱。在我国边贸领域，中俄边贸数额最大，所起的作用也最大。可见，充分重视中俄边贸对我国边贸的进一步发展、对中俄双边关系、对我国的周边安全、对东北亚区域经济合作等都具有重要的现实意义。

四、口岸开放数量和质量不断提升，双边贸易形式日益多元化，跨国旅游合作时机成熟

目前，中蒙边境口岸开放无论从数量上还是从质量上都达到了较高的水平。2004 年 7 月 5 日，两国签署了《中华人民共和国政府和蒙古国政府关于中蒙边境口岸及其管理制度的协定》，该协定取代了 1991 年签署的相关协定，开放了 13 对边境口岸，其中 9 对分布在中国内蒙古自治区与蒙古国的接壤边界地区，4 对分布在中国新疆维吾尔自治区和

蒙古国的接壤边界地区。13 对口岸中有 7 对口岸为季节性开放，6 对口岸为常年性开放。近年来随着双边贸易的发展，沿两国边界开放常年开放和季节性开放口岸已增加至 18 个（包括满洲里、呼和浩特、海拉尔三个航空港），这些口岸在两国经贸合作特别是边贸合作中发挥着重要作用。中蒙两国政府也高度重视双方经贸的发展，这为中蒙边贸的发展和升级奠定了良好的基础。

现在中国游客赴俄边境旅游更加便捷。自 2005 年 9 月 20 日起，我国旅游团队赴俄罗斯旅游可通过中俄互免团体旅游签证渠道进行。按照这一政策，免签证团队游客 5 人起成行，旅行社只需填妥一式五联的《中国公民赴俄罗斯旅游团队名单表》，并由相关部门盖章后，一至四联分别由中方边防检查站和俄方边防检查站出入境验收，另一联由中方旅游行政部门留存即可。

五、"三横九纵十二出口"交通网络的构建、30 条出区通道的建成，保障了跨国旅游合作交通连接

"三横九纵十二出口"是自治区按照国家"九五"计划和 2010 年远景目标规划的总体要求，从内蒙古自治区实际和交通现状出发，结合全国国道主干线规划，提出的内蒙古自治区公路发展总体思路。它以三条横贯自治区东西（见表 3-1）、九条纵贯南北的公路主干线（见表 3-2）、十二个主要出口路为骨架展开布局的，总规模 14700 公里。

表3-1 "三横九纵十二出口"交通网络中"三横"线路概况

线路名称	起点	终点	全长	连接盟市范围	作用
第一横	银川（大西北内宁界头关）	满洲里（中俄界满洲里口岸）	利用国道110、111、301线穿越内蒙古自治区路段，全长3188公里	横贯巴彦浩特、乌海、临河、包头、呼和浩特、集宁、赤峰、通辽、乌兰浩特、海拉尔10个自治区盟市	内蒙古自治区南部贯通东西的公路大动脉，将自治区大部分城市和工业区连成系统的经济整体
第二横	石嘴山（内宁界石嘴山大桥）	黑山头公路（中俄界重镇黑山头口岸）	利用国道109、111、303线，全长2694公里	东胜、呼和浩特、赛汉塔拉（苏尼特右旗）、锡林浩特、林西、通辽、乌兰浩特、莫力达瓦、加格达奇、鄂伦春、黑山头口岸	自治区北部贯通东西的公路主干线
第三横	三道明水（内甘界三道明水）	伊木河公路延边口岸（中俄界伊木河）	全长3803公里	达来呼布、赛乌苏、满都拉、二连浩特、珠恩嘎达布其、阿尔山、黑山头、满洲里、伊木河	沿疆铺设，横贯东西的边防公路，是边防部队巡逻值勤、生产生活的重要通道

"九纵十二出口"全长 5007 公里，其中九纵长 3976 公里，十二出口长 1031 公里，是纵贯自治区南北的运输干线和出口通道，是自治区北开南联、沟通区内外的重要公路线，是自治区通往蒙古国、俄罗斯及毗邻八省区的主要运输线，这对促进内蒙古自治区与边境和周边地区之间经济、技术交流起到非常重要的作用。

表 3-2 "三横九纵十二出口"交通网络中"九纵"线路概况

线路名称	道路连接	连接地区范围
第一纵	S201 省道+S203 省道	额尔古纳室韦口岸—额尔古纳—海拉尔—新巴尔虎左旗—阿尔山—乌兰浩特市—白城
第二纵	S204+S101+G304	珠恩嘎达布其口岸—东乌珠穆沁旗—霍林郭勒—扎鲁特旗—通辽—彰武
第三纵	S204+G303+G305	珠恩嘎达布其口岸—东乌珠穆沁旗—巴林右旗—巴林左旗—敖汉旗—北票
第四纵	S204+S101+G207	珠恩嘎达布其口岸—东乌珠穆沁旗—锡林郭勒市—太卜寺旗—张北
第五纵	G208+S208	二连浩特—苏尼特右旗—镶黄旗—化德县—张北
第六纵	G208	二连浩特—苏尼特右旗—察哈尔右翼后旗—集宁—察哈尔右翼前旗—丰镇—大同
第七纵	G209	呼和浩特—和林县—清水河—偏关
第八纵	S211+S104+S210+G210	满都拉口岸—达尔罕茂明安联合旗—白云矿区—固阳—包头—达旗—东胜—伊金霍洛旗—榆林
第九纵	S315+S312+S214	额济纳旗—酒泉

内蒙古自治区既是国家重要的资源和能源储备基地，也是我国向北开放的前沿阵地，地理位置十分重要。内蒙古自治区 30 条出区通道的建成，既是主动实现与全国骨架公路网融合的重要举措，也是内蒙古自

治区更好地融入京津冀、环渤海和东北等经济区的基础保障，有效完善了国家区域路网功能，连接了西北、华北和东北公路网络，打通了省际断头路，有利于交通网络整体功能和效益的充分发挥，对内蒙古自治区实现资源转换、产业承接和全面建成小康社会、巩固民族团结进步具有重要的意义，为内蒙古自治区直接对接国内外主要客源市场创造了极为有利的基础条件。

与此同时，目前全区已有呼和浩特、包头、海拉尔、锡林浩特、赤峰、通辽、乌兰浩特、鄂尔多斯、满洲里和乌海机场 10 个主要机场和阿拉善机场（3 个）、二连浩特机场（可以去伊尔库茨克）、阿尔山机场等，形成了与国内外连接的便捷空中通道。

第三节 内蒙古自治区跨国旅游合作的制约条件

一、中蒙边境口岸建设滞后，复杂的国际关系影响显著，跨国旅游合作基础有待进一步夯实

中蒙边境贸易地区均地处中国和蒙古国的偏远地区，经济发展落后、建设资金短缺，使口岸建设跟不上口岸经济的发展，因此制约了边贸的发展，这是双方共同的突出问题。更为严重的是，蒙古国国民经济长期在低谷徘徊，影响了公共基础设施的建设；蒙古国政府对营建畅通的物流体系信心不足，投入不够。因此长期以来，特别是在边远的季节性口岸，蒙古国的道路问题特别突出。

蒙古国地处中俄两国之间，地理位置相当独特。中蒙两国关系是中

蒙边境贸易的"风向标":关系和谐,则促进边境贸易的飞速发展;关系僵持,则阻碍边境贸易的有序进行。因此,为保障双边贸易的顺利、有序快速发展,中蒙两国必须保持睦邻友好的关系,共同维护双边贸易的大好形势。但由于蒙古国的石油、铜、铀、磷、煤等多种战略资源储量丰富,受到众多国家的关注和青睐,为争夺蒙古国的市场和矿产资源,美、日、俄、澳大利亚等多个国家采取积极措施加强发展与蒙古国的政治、经济关系。蒙古国奉行大国平衡的外交政策,积极在几个大国之间寻找平衡,贸易投资政策不断开放。虽然基于地缘关系,蒙古国把与中、俄两国的关系放在其对外战略的首位,但为提高自身价值,也在借助美国的作用,积极发展同日本和韩国的关系,使蒙古国与中国的经贸合作在某些情况下受到明显的大国关系的影响。

同时,蒙古国国家政治经济体制改革力度大,法制不健全、贸易不规范,在政策制定上常存在急转弯式、突然袭击式的变化,尤其是在经济体制改革中采取的经贸政策的变化,给边境贸易带来了不稳定性和不可预见性,对双边贸易产生一种潜在的消极影响。且蒙古国经济发展水平和购买力水平较低,国民经济长期在低谷徘徊,主要进出口商品质量和数量参差不齐,进出口商品结构多年不断变化,对进一步扩大双边贸易存在较大制约。

二、缺乏口岸旅游发展规划,口岸旅游联动发展意识薄弱,跨国旅游合作方向性不明确

从西部地区整体来看,现有的跨区域旅游规划主要是针对一些围绕主体品牌旅游线路产品而形成的沿线带状旅游区编制的旅游规划,如《长江三峡区域旅游规划》《香格里拉生态旅游区规划》《青藏铁路沿线

地区旅游规划》《丝绸之路旅游区规划》《旅游产业灾后重建转向规划》
等，缺乏西部地区主要旅游合作区（西南旅游区、西北旅游区）的整
体规划，从西部全局发展出发编制的西部旅游总体规划更是空白。随着
区域旅游合作进程的加快，必须有一个以整体的发展思路为指导的跨越
行政区的完善、细致、务实的区域旅游规划，并从短期、中长期和长期
三个层面对区域旅游合作的目标和运行进行统筹，才能实现西部区域旅
游合作的长足发展。

中蒙两国经贸合作虽然发展迅速，但仍不同程度地存在规模偏小、
水平不高、层次较低、结构不平衡等问题，两国还有很多互补优势没有
充分发挥。蒙古国科学院国际关系研究所首席研究员道·旭日夫认为，
蒙中俄实施各自倡议、建设经济走廊，还需要资金、人才和法律的协调，
相关研究也存在不足。针对升级经贸合作的问题，内蒙古自治区商务厅
厅长孙炜东表示，两国可以充分考虑毗邻区域的资源禀赋、产业结构、
资金技术、市场需求和劳动力分布，推动实施一批影响力大、带动性强
的重点合作项目，共同打造最富成长性、最具竞争力的经济发展区域。

随着中蒙俄加速合作推进经济走廊建设的步伐，旅游领域的跨国合
作也在逐步推进。中蒙俄三国相邻，历史久远、民族众多，旅游资源独
特而丰富，充分发挥边境口岸联动优势开展跨国旅游合作，市场潜力巨
大。全面开展跨境旅游合作，把中国的丝绸之路经济带、俄罗斯跨欧亚
大铁路、蒙古国草原之路进行有效对接，对推进中蒙俄经济走廊建设具
有积极作用。中蒙俄三国于 2015 年 11 月在昆明首次携手向世界各国旅
游业推销，中国侧重于内蒙古自治区独特的风情、淳朴的民风、悠久的
历史和深厚的文化底蕴推介，蒙古国侧重于草原风光、民族文化推介，
俄罗斯侧重于后贝加尔边疆区旅游推介，共同打造不同寻常的跨国之
旅，吸引世界旅游组织、亚太旅游组织、蒙古国、俄罗斯和来自亚太及

欧美等地海外客源，提升了中蒙俄跨国旅游品牌形象的竞争力和影响力。中国内蒙古自治区也相继与蒙古国和俄罗斯的后贝加尔边疆区、布里亚特共和国、伊尔库茨克州建立了中蒙俄三国五地旅游合作机制，共同开发跨境旅游区域市场，联手推出万里茶道（茶叶之路）等国际旅游品牌。总而言之，内蒙古自治区亟待依托旅游资源现状和旅游市场条件，进行统筹规划与安排，有效依托现有口岸经济优势，推进跨境旅游合作区建设，逐步扩大合作范围，切实加快三国跨国旅游合作进程。

三、旅游产品季节性问题突出，配套设施完善两难，跨国旅游合作服务质量有待提升

近年来，内蒙古自治区在旅游景区建设、旅游形象宣传、旅游精品打造等方面取得了显著进步，但与国内旅游发达省区相比，还存在很大差距。全区旅游投资总量不足，高品质旅游资源开发层次低，缺乏世界级精品景区，国家级旅游品牌数量少；内涵挖掘不足，缺乏对旅游文化的深层次系统开发；旅游商品的开发力度不够，缺少精品名牌的旅游纪念品，旅游购物环境有待进一步改善；旅游宣传推广不到位，旅游综合吸引力有待全面提升。加之自然环境、气候条件的制约，内蒙古自治区旅游季节性问题突出，旅游旺季持续时间短，多集中在7~9月。近年来，各盟市都在积极拓展旅游产品，增加冬季旅游产品比例，但总体改观不明显，造成旺季游客数量激增，旅游景区、景点、旅游饭店、旅游交通等基础设施和服务设施严重不足，服务水平和服务质量受影响，顾客满意度不高；而淡季又出现大量旅游设施闲置，影响旅游企业的营运及旅游经济水平提高的局面。

四、旅游资源空间分布分散，旅游市场吸引力不均，跨国旅游合作辐射范围分散

内蒙古自治区拥有积淀深厚的红山文化、蒙元文化、辽文化等历史文化旅游资源，以蒙古族为代表的北方少数民族多姿多彩的民俗文化旅游资源，草原、沙漠、温泉、森林等北国自然风光旅游资源，夏季凉爽的气候旅游资源，冬季严寒的冰雪旅游资源，现代经济发展造就的旅游城市及不断发展的边境口岸等构成的内蒙古自治区旅游业发展的优势资源，为内蒙古自治区旅游开发奠定了良好的基础。由于地域跨度大，景区、景点分散，且12盟市经济发展程度不一，因此，旅游服务水平、接待能力和客源市场的吸引力也不尽相同。中部地区旅游业发展较早，地理位置优越、发展水平较高，市场占有率较高，但进一步发展的余地有限；东西部地区次之，发展空间大；边境、口岸起步较晚，规模有限，但发展潜力巨大。从旅游消费角度而言，旅游者花费在旅游路途上的时间较长，时间成本、交通成本也都相对较高，不利于旅游产品和旅游线路的优化组合。同时，19个对外开放口岸除呼伦贝尔市较为集中外，其他地区分布都较分散，且各口岸的边贸经济发展水平不一，辐射带动能力不同，在实施跨国旅游合作中，其辐射范围势必较为分散，不利于跨国旅游影响力的形成。此外，旅游签证办理的便捷性、边检速率等也对跨国旅游合作的实施构成了一些影响，有待进一步完善。

第四节　内蒙古自治区跨国旅游合作的良好机遇

一、振兴东北地区等老工业基地战略的实施，有望深入内蒙古自治区东部地区跨国旅游合作

2007 年 8 月，国务院批复《东北地区振兴规划》，将内蒙古自治区东部地区纳入规划范围。在规划领域、政策和资金争取上，构建东北地区综合交通运输网络、东北大电网、东北地区大生态为在产业发展等诸多层面要进行广泛合作创造了条件。内蒙古自治区东部地区紧紧抓住我国东北经济区深化合作的机遇，推动经济大发展。以兴安盟为例，自纳入规划范围以来，兴安盟积极参与东北三省的产业分工，不断提升区位优势，加快构建联通东北的公路、铁路、电网等通道建设，在规划编制、政策争取、项目对接等方面取得实效，区域合作逐步深入。

在旅游发展方面，国家旅游局、国家发改委正式批复实施的《东北地区旅游业发展规划》中明确提出，经过 10 年左右的努力，将东北地区打造成综合旅游板块，使其成为世界知名的冰雪休闲度假旅游区、中温带生态旅游区、东北亚著名的历史文化综合旅游区和商务会展旅游区。

二、中蒙俄三国边境地区发展重视度高，内蒙古自治区跨国旅游合作机制有望进一步完善

2005 年 3 月，在蒙古国首都乌兰巴托市举办两年一度的旅游论坛

和旅游展览会期间,蒙古国道路交通旅游部巴特乎部长和国务秘书等要员与中方代表就旅游方面的发展和合作进行了深入探讨,就双方的旅游基础设施、交通、签证、吃、住的有关事宜和旅游服务的价格问题交换了意见,并达成共识:双方要尽快建立旅游协调机制,进一步加强旅游协调工作,研究解决旅游合作中存在的一些问题,促进双方旅游工作的顺利开展;要组织各自地区的大旅行社负责人进行互访,相互了解,促进发展;对开展内蒙古阿尔山地区的边境旅游提出了具体的方案,并探讨了蒙方的特色旅游,如钓鱼游、打猎游、驾车越野游等。

2005 年,俄罗斯总统普京提出了开发远东和西伯利亚的发展新战略。2009 年,中俄首脑共同签署了《中华人民共和国东北地区与俄罗斯联邦远东及东西伯利亚地区合作规划纲要(2009~2018 年)》。两国政府分别制定的发展其国家边境地区的战略,不仅促进了各自地区的经济发展,而且为进一步提高俄罗斯和中国毗邻地区的区域经济合作水平提供了良好的机遇。2010 年 11 月 24 日,温家宝和俄罗斯总统普京宣布,双方决定用本国货币实现双边贸易结算;中国海关总署署长盛光祖与俄罗斯联邦边界发展署署长别兹杰洛夫共同签署了《中华人民共和国海关总署和俄罗斯联邦边界建设署关于中俄边境口岸发展领域合作的协定》,进一步深化规范通关监管秩序的合作,实施便捷通关措施,优化通关作业流程,促进双边贸易便利化。

三、西部省区与邻国旅游合作取得了长足发展,带动内蒙古自治区跨国旅游合作领域拓展

在西部区域旅游合作进程中,政府在搭建西部区域旅游合作平台、

构建区域旅游合作机制等方面发挥了重要作用。2007 年 5 月 26 日，"中国西部国际旅游区域战略联盟与协作论坛"在温江召开，西部 12 省（区、市）和新疆生产建设兵团签署了《中国西部旅游区域合作协议书》，并通过《成都宣言》，这成为西部地区进一步加强区域旅游合作的良好开端。2009 年 3 月，西部 11 省（区）的 24 个旅游城市在西安市签署《中国西部旅游城市合作协议书》，成立了"中国西部区域旅游合作发展联盟"，正式启动了西部旅游合作机制。2009 年 6 月 18 日，首届中国西部旅游产业博览会在重庆召开，西部 12 个省（区、市）共同签署《中国西部旅游合作框架协议书》；协议书将成立西部旅游联合体等合作机制纳入议事日程，成为打破西部旅游各自为政格局、进入大联合时代的标志。

学界对西部区域旅游合作的研究日益深入，先后召开"中国西部国际旅游区域战略联盟与协作论坛""中国西部国际旅游发展论坛"等西部旅游发展研讨会议。企业的互动联合也取得了成效，西部各省区的旅行社、饭店和景区等旅游企业通过各种类型的旅游推介会联手宣传区域旅游产品，共同打造精品路线，共推西部旅游品牌。

西部省区与国际的旅游合作也取得了长足的进展，主要在西部地区的边境省区与相邻国家和地区之间进行，以空间相连的紧密型边境旅游区域合作为主要表现形式，值得内蒙古自治区跨国旅游合作的开展借鉴。

表 3-3　西部边境省区与国际旅游合作一览（不完全统计）

合作区域和范围	活动或成果	内　　容
大理州旅游协会景区分会与台湾南投县观光协会	签订《友好合作协议》	商讨共同发展两地旅游

续表

合作区域和范围	活动或成果	内　　容
云南、广西和湄公河次区域国家	GMS 旅游发展战略	旅游线路推广、互为旅游目的地营销、游客流动便利化合作
广西、香港、越南河内和广宁省	成立"中越两国四方旅游效应联盟"	共同打造跨国旅游线路,共同推广、开辟欧美等旅游市场
广西—东盟各国	中国—东盟博览会"德天旅游联盟",签订旅游合作协议	推介旅游产品,打造"广西创造—中越边境山水画廊"
西藏和尼泊尔、缅甸等南亚各国	中国西藏与周边国家贸易发展国际研讨会	加强与西藏旅游合作
新疆与哈萨克斯坦	新疆吉木乃县与哈萨克斯坦东哈州达成跨境旅游合作协议	建立旅游联系互访制度、旅游宣传促销合作机制、旅游线路开发等方面的合作

资料来源:曹扬:《西部区域旅游合作十年回顾与展望》,《商业研究》2010 年第 6 期。

国家发改委在《关于 2009 年西部大开发进展情况和 2010 年工作安排的通知》中明确表示,将充分发挥沿边优势,推动广西东兴、云南瑞丽、新疆喀什、内蒙古自治区满洲里等重点开发、开放试验区建设。西部要实行新型开放战略,推进内陆地区的全面开放,在有条件的边境口岸城市,整合现有资源,建立高度开放、更加灵活、更加优惠的边境经济特区,推动形成以开放促开发、促发展、促稳定的新格局。这一有利契机必将对提升满洲里的影响力和对外贸易发展起到极大的推进作用,也为满洲里在内的 19 个对外开放口岸旅游业跨国合作带来了机遇。

四、"8337"发展思路的提出，明确了内蒙古自治区跨国旅游合作发展定位

"8337"发展思路，是内蒙古自治区领导在全区传达贯彻全国"两会"精神干部大会上，代表自治区党委、政府，就深入学习贯彻党的十八大精神和全国"两会"精神，扎实做好自治区各项工作而提出的，具有很强的针对性和指导性，是内蒙古自治区当前和今后较长时期发展的目标方向和遵循的指导思想。把内蒙古自治区"建成体现草原文化独具北疆特色的旅游观光休闲度假基地"就是"8337"提出的发展定位之一，对旅游业的重视程度提到了前所未有的高度，对旅游业的发展也提出了转变发展方式和调整结构的要求。

内蒙古自治区发展旅游业有得天独厚的优势和条件，目前已经形成了以草原观光、民俗体验、沙漠休闲、森林生态与边境旅游为主体的，具有内蒙古自治区特色的旅游产品体系。以 19 个对外开放口岸为节点，发展与蒙俄跨国旅游合作，将有利于内蒙古自治区特色旅游产品的转型升级、提质增效。

第五节　内蒙古自治区跨国旅游合作所面临的挑战

一、内蒙古自治区对俄跨国旅游合作较黑龙江省不成熟，市场拓展难度大

我国与俄罗斯接壤的省份（自治区）有黑龙江省、吉林省、内蒙

古自治区和新疆维吾尔自治区，它们与俄边境线长度分别为 3045 公里、200 公里、1030 公里和 54 公里。已开展对俄边境旅游业务的边境口岸城镇有：黑龙江省的黑河市、绥芬河市、东宁县、密山市、虎林市、同江市、抚远县、逊克县、饶河县、嘉荫县、萝北县、富锦市、哈尔滨市、牡丹江市、佳木斯市、加格达奇市等；吉林省的延吉市、挥春市等；内蒙古自治区的满洲里市、海拉尔区和额尔古纳市等。

黑龙江省对俄旅游贸易口岸最多，且黑龙江已获准对外开放的一类口岸中，17 个口岸与俄罗斯开通了边境旅游。与此同时，黑龙江推出了黑河市—布拉格维申斯克市—哈巴罗夫斯克市、同江市—下列宁斯科耶区—比罗比詹市、绥芬河市—波格拉尼奇内区—符拉迪沃斯托克市、东宁县—乌苏里斯克市、逊克县—波亚尔科夫镇、抚远县—哈巴罗夫斯克市、密山市—卡缅雷博洛夫区—斯帕斯克达尔尼市、嘉荫县—奥布卢奇耶市、萝北县—阿穆尔捷特十月区—共青城、虎林市—列索扎沃斯克市、饶河县—比金市—哈巴罗夫斯克市、佳木斯市—哈巴罗夫斯克市、富锦市—比罗比詹市、牡丹江市—纳霍德卡市、哈尔滨市—哈巴罗夫斯克市等主要中俄边境旅游线路。

内蒙古自治区只有 6 个对俄开放口岸，开通了满洲里市—赤塔市—乌兰乌德市的中俄边境旅游项目，海拉尔和额尔古纳市也开通了到赤塔市的边境旅游项目。与黑龙江省相比，内蒙古自治区对俄开放口岸少，跨国旅游线路开展数量少，跨境旅游接待规模也较小。因此，内蒙古自治区实施对俄跨国旅游合作在市场拓展方面难度较大，需深入调查和对比分析，开发差异化跨国旅游产品，设计精品跨国旅游线路来吸引俄罗斯游客。

二、内蒙古自治区与蒙古国对应开放口岸及周边省份旅游业发展水平差异明显，跨国旅游合作运作难度大

近年来，中蒙两国政府不断调整和明确旅游业在国民经济和国民生活中的地位，均采取了扩大开放、消除障碍和完善法律等措施，积极发展旅游产业，尤其重视中蒙边境旅游的开展。

蒙古国方面，政府先后出台了一些优惠政策，努力发展旅游产业，以求增加外汇收入、减少失业人数、提高蒙古国的知名度，促进外国企业来蒙古国投资。例如，1998 年制定《蒙古国发展旅游纲领》；将 2003 年定为"来蒙旅游年"，2004 年定为"开发蒙古年"；2006 年借"大蒙古国 800 周年"之际，扩大宣传、吸引游客欣赏草原风光，领略当年成吉思汗的风采；《2007~2021 年国家整体发展战略》中，将旅游业和矿产资源开采业列为带动蒙古国经济发展的重要支柱产业，为旅游产业发展提供了强有力的支持，也为中蒙旅游合作奠定了基础、提供了保障。2000~2009 年，赴蒙旅游人数由 13.737 万人增至 46.485 万人，增长了近 2.4 倍；旅游外汇收入由 0.949 亿美元增至 2.1334 亿美元，增长了 2.2 倍。2005~2009 年赴蒙古国的旅游客流中，中国始终居于第一位，占 50%左右；俄罗斯居于第二位，比例在 20%左右；韩国、日本、美国、德国、英国、法国、澳大利亚和哈萨克斯坦各国所占比例依次下降。截至 2014 年 5 月，经蒙古国旅游局星级评定的注册酒店总计 77 家，其中有 70 家集中于乌兰巴托市，乌兰巴托市以外经过星级评定的酒店仅 7 家，四星级（含）以上的酒店全部集中在乌兰巴托市。除首都外的城市人口居住分散，整体发展水平有限，旅游资源开发严重落后，没有形成有效的商业聚集地。乌兰巴托以外的城市酒店，大多数是

未经评级的城市经济酒店和廉价旅社，实际上蒙古国大多数的苏木都没有一家廉价旅社，很多知名旅游风景区也没有像样的度假村，造成了蒙古国酒店行业整体发展滞后的结果。已有的 300 多个旅游景点中，星级旅游景点为 70 多个；旅游公司达 520 多家，具备了一定的旅游接待能力。但从旅游接待设施规模和档次、旅游接待数量和旅游创汇收入等方面综合来看，蒙古国旅游业发展水平总体不高。

中国依托 10 个对蒙、对外开放口岸，开展中蒙跨国旅游合作，也面临着各口岸经济发展水平、口岸建设完善度、通关能力及辐射带动能力、旅游资源富集度、旅游开放水平等多层面的显著差异，一定程度上也会影响内蒙古自治区跨国旅游合作的进程。

第四章

内蒙古自治区跨国旅游合作
历史及现状分析

经济全球化和区域一体化，是当今世界经济的两大潮流。建成我国向北开放的重要桥头堡和充满活力的沿边开发开放经济带，形成内外联动、互利"双赢"、安全高效的全方位开发开放格局，是内蒙古自治区顺应时代潮流和发展趋势的必然选择。

我国安定的政治环境和外向型经济以及我国人民生活水平的提高和旺盛的出国旅游需求，将进一步推动入境和出境旅游的发展。边境口岸地区的旅游资源，具有空间上的整体性、地域文化的同源性、资源上的互补性。但由于行政区划割裂了旅游资源系统和旅游市场的完整性和统一性，导致边境口岸地区的旅游业处于开发无序、竞争无序和管理无序的状态。为了实现边境地区旅游资源的一体化管理，就有必要对边境口岸地区旅游合作开发进行探讨和研究。

内蒙古自治区有 4261 公里的陆地边境线，与俄罗斯、蒙古国接壤，跨国旅游合作的潜力巨大。

第一节 内蒙古自治区对外开放口岸分布概况

内蒙古自治区位于中国北部边疆，由东北向西南斜伸，呈狭长形，东西直线距离 2400 公里，南北跨度 1700 公里，土地总面积 118.3 万平方公里，约占全国总面积的 1/8。12 个盟市分布在内蒙古自治区广阔的大地上，从东到西分别是呼伦贝尔市、兴安盟、通辽市、赤峰市、锡林郭勒盟、乌兰察布市、包头市、呼和浩特市、鄂尔多斯市、巴彦淖尔市、乌海市和阿拉善盟。

4261 公里的边境线和独特的地理位置，使内蒙古自治区在向北开放战略中处于重要地位。内蒙古边境地区地域广阔，资源丰富，主要山脉有大兴安岭、贺兰山、乌拉山和大青山。东部草原辽阔，西部沙漠广布，拥有奇特的自然风光和悠久的历史文化，旅游资源十分丰富。除草地资源这一传统优势外，还有丰富的煤炭、石油、铁矿石、盐湖等资源，是国家重要的资源基地。国家西部大开发战略和兴边富民行动的实施，加快了边境旗市的经济社会发展，使生产生活条件有很大改观、经济结构有所调整；在地区经济实力明显增强的基础上，农牧民的收入大幅度提高，经济社会发展呈现出良好的势头。

口岸经济发展直接关系到全区乃至国家北部边境的稳定和发展，尤其是作为蒙古族人口的主要聚居地，其发展更有利于促进民族经济的发展。目前已形成以口岸为依托的沿边开放带，以发展对俄、对蒙以及对东欧等国的经济贸易技术合作为重点，带动资源开发和经济发展的格局。

在内蒙古自治区 4261 公里的边界线上，中俄边界线长 1010 公里（水界约 900 公里、陆界约 110 公里），设置有 6 个口岸（满洲里铁路口岸、满洲里公路口岸、黑山头水运口岸、室韦水运口岸、二卡公路口岸、胡列也吐水运口岸）；中蒙边界线长 3103 公里，内蒙古自治区有 6 个盟 15 个旗（市）与蒙古国 6 个省 26 个县接壤，设置有 10 个口岸（二连浩特铁路口岸、二连浩特公路口岸、策克公路口岸、甘其毛都公路口岸、珠恩嘎达布其公路口岸、阿日哈沙特公路口岸、满都拉公路口岸、额布都格水运口岸、阿尔山公路口岸、巴格毛都公路口岸）。口岸运输方式、类别、对应国家口岸名称和查验机构设置等情况，详见表 4-1。此外，还有 3 个国际航空口岸（呼和浩特航空口岸、海拉尔航空口岸、满洲里航空口岸）。内蒙古自治区现有对外开放口岸共计 19 个，分布在边境 14 个旗（市）以及呼和浩特市和呼伦贝尔市。从东到西合理布局，各自优势突出，发展势头强劲。

表 4-1　内蒙古自治区对外开放口岸

对应开放区域	口岸名称	运输方式	口岸分类	批准开放机关	对应国家口岸	查验机构设置
对俄开放口岸	室韦	水路	Ⅰ类口岸	国务院	奥洛契	动植检、商检等机构
	黑山头	水路	Ⅰ类口岸	国务院	旧粗鲁海图	海关、边检、卫检
	胡列也吐	水路	Ⅱ类口岸	内蒙古自治区人民政府	凯斯堆	由满洲里代管
	二卡	公路	Ⅱ类口岸	内蒙古自治区人民政府	阿巴该图	由满洲里代管
	满洲里	铁路	Ⅰ类口岸	国务院	贝加尔斯克	海关、边检、卫检
		公路	Ⅰ类口岸	国务院口岸办		动植检、商检等机构

续表

对应开放区域	口岸名称	运输方式	口岸分类	批准开放机关	对应国家口岸	查验机构设置
对蒙古国开放口岸	阿日哈沙特	公路	Ⅰ类口岸	国务院	哈比日嘎	由满洲里代管
	额布都格	水路	Ⅱ类口岸	内蒙古自治区人民政府	白音胡硕	由满洲里代管
	阿尔山	公路	Ⅱ类口岸	内蒙古自治区人民政府	松贝尔	由满洲里代管
	珠恩嘎达布其	公路	Ⅰ类口岸	国务院	毕其格图	由二连浩特代管
	二连浩特	铁路	Ⅰ类口岸	国务院	扎门乌德	海关、边检、卫检
		公路	Ⅰ类口岸	国务院口岸办		动植检、商检等机构
	满都拉	公路	Ⅱ类口岸	内蒙古自治区人民政府	哈登宝力格	由呼和浩特代管
	甘其毛都	公路	Ⅰ类口岸	国务院口岸办	葛顺苏	由呼和浩特代管
	巴格毛都	公路	Ⅱ类口岸	内蒙古自治区人民政府	布敦毛都	暂时关闭
	甘其毛都	公路	Ⅱ类口岸	内蒙古自治区人民政府	西伯库伦	由呼和浩特代管

第二节 内蒙古自治区对外口岸发展概况

一、对俄罗斯开放口岸建设与发展

1. 满洲里铁路及公路口岸

满洲里市位于内蒙古自治区东北部，与俄罗斯、蒙古国接壤，既是中国最大的沿边陆路口岸城市，也是欧亚陆路大通道上的重要枢纽，承担着中俄贸易 70% 以上的陆路运输任务。辖区面积 732 平方公里，人口 30 万，城镇化率达到 100%，居住着蒙、汉、俄罗斯等 20 多个民族。市辖国家级开发区有中俄互市贸易区、边境经济合作区；国家级大型煤炭能源基地有扎赉诺尔区；自治区级开发区有东湖区和产业园区。

改革开放以来，满洲里充分发挥亚欧陆路大通道综合优势，坚持"发展和惠民"主题，实施"链接俄蒙、融入东北、服务全国、面向东北亚"战略，解放思想，大胆探索，开拓创新，经济社会实现跨越发展。产业基础日益夯实，形成了国际贸易、跨境旅游、进出口加工、能源开发等口岸特色产业。立体化口岸输运体系不断完善，铁路口岸换装能力达到 7000 万吨，公路口岸年通过能力达到 600 万吨，航空口岸开放层次大幅提升。与俄罗斯、蒙古、日本、韩国、我国的港澳台等 40 个国家和地区建立了广泛的经贸关系，构建了全方位、多层次、宽领域的对外开放格局。社会事业全面进步，先后荣获了全国文明城市、全国双拥模范城、中国魅力城市、中国优秀旅游城市、国家生态示范区等诸多殊荣。

随着经济全球化和区域一体化的深入发展，以及国家新一轮西部大开发战略的深入实施，中俄蒙战略协作伙伴、睦邻友好关系更加紧密，特别是满洲里被国务院批准为重点开发开放试验区。它将以"8337"发展思路为引领，结合国家要求其建成面向东北亚区域性国际贸易基地、跨境旅游基地、进出口加工制造基地、能源开发转化基地、国际物流中心和科技孵化合作平台的战略定位，全面提高对外开放水平，充分发挥好满洲里在建设向北开放桥头堡和沿边经济带中的龙头和试验田作用。

2016 年 3 月首列"哈满俄"（哈尔滨—满洲里—俄罗斯）班列开通，由哈尔滨香坊出发，经满洲里铁路口岸出境，途经新西伯利亚，最终到达俄罗斯叶卡捷琳堡，全程5889公里，运行时间为10天。该班列是中国至俄罗斯铁路运输里程最短、用时最少、费用最低、环境最好的一条线路。至此，包括中俄最大陆路口岸——"苏满欧""鄂满欧""湘满欧"在内的中欧出入境班列增至16条，对"中蒙俄经济走廊——龙江陆海丝绸之路经济带"的建设将起到助推作用。

2. 黑山头水运口岸

黑山头口岸位于中俄边界额尔古纳河东岸，额尔古纳市西62公里处，东距黑山头镇12公里；西与俄罗斯赤塔州旧粗鲁海图口岸隔额尔古纳河相望，两口岸相距1.5公里，距旧粗鲁海图口岸所属的普里阿尔贡斯克区22公里，有铁路与赤塔州相连，是中俄双方通商往来的便捷通道；北距室韦口岸水路250多公里，陆路230公里；南距呼伦贝尔市120公里。

黑山头口岸是1989年经国务院批准设立的国家一类口岸，1990年正式对外开放。开放初期，客货运量低，1991年口岸仅过货609吨，出入境客商1278人次。随着口岸的培育和发展，口岸客货运量大幅度增长，极大地促进了地方经济和社会发展，投资环境明显改善。累计完成投资1345.23万元，完成码头平台800平方米、引路800延长米、口岸货场125.000平方米、联检办公生活设施1225平方米、边检监护中队营房135平方米、中俄界河木桥等主要设施。经过十多年的发展，逐步形成了以进出口贸易为主，以旅游、服务业为辅的口岸经济发展模式。现已建成联检大厅、黑山头口岸码头、口岸海关综合楼、口岸运管值勤楼等基础设施。为了适应口岸过货量的快速增长，拓展口岸发展空间，2006年10月20日中俄双方共同投资建设的黑山头——旧粗鲁海图口岸界河大桥正式完工投入使用，该桥的建成通车对中俄两国旅游及外经外贸业的快速发展发挥了重要的作用。

黑山头口岸所在辖区额尔古纳市在呼伦贝尔市占有重要地位，是呼伦贝尔市对外开放"金三角"战略格局中的一极。而黑山头口岸又是呼伦贝尔市经济体制改革试验区沿边开放的前沿阵地，从其地理位置看是参与东北亚经济圈的理想通道，不仅是呼伦贝尔市绿色产业产品对外出口的重要窗口，同时又是满洲里口岸货物分流的理想通道。随着对外贸易的发展，黑山头口岸将为中俄双边贸易的拓展发挥重要作用，有着广阔的发展前景。

3. 室韦水运口岸

室韦口岸是 1989 年国务院以国函〔1989〕26 号文件批准的国家一类口岸。室韦口岸位于中俄界河额尔古纳河中游东，南距额尔古纳市政府所在地 168 公里，北距莫尔道嘎镇 90 公里，西与俄罗斯赤塔州奥洛契口岸隔额尔古纳河相对，所属行政区涅尔琴斯基扎沃德镇有铁路、公路、航班与赤塔州相通。为适应中俄双方贸易的技术合作需要，经过双方共同努力，2001 年 9 月 22 日室韦—奥洛契中俄口岸第一桥建成，2002 年 7 月 8 日正式启用通车，口岸基础设施建设及配套设施相继建成投入使用，口岸通货能力明显提高。

室韦口岸现在主要以进口木材为主。与室韦口岸相对应的俄罗斯赤塔州东北部九个市区，矿产资源十分丰富，以黄金开采最为发达，铅、锌、铁、铜等矿产资源也有相当储量；森林资源更为丰富，木材蓄积量达 4.5 亿立方米。该地区公路发达，与西伯利亚大铁路相距 200 多公里。内陆交通也十分便利，室韦口岸位于内蒙古自治区唯一入海口——额尔古纳河上游，到达额尔古纳市 168 公里长的柏油路已于 2005 年交付使用。

室韦口岸所在地室韦俄罗斯民族乡是内蒙古自治区最北部的中俄边陲小镇，是蒙古族的发祥地，也是全国唯一的俄罗斯民族乡，两岸人民有着传统的友谊。2005 年，室韦口岸被评为 CCTV 全国"十佳魅力名镇"，旅游业的发展潜力巨大。

4. 二卡公路口岸

二卡口岸是 1994 年中俄政府换文批准开放的公路口岸，当时已建设了部分基础工程。开通中俄满洲里二卡—阿巴该图公路口岸对推进重点开发开放试验区建设，加快实施向北开放战略，促进中俄毗邻地区经济发展，维护边疆少数民族地区社会稳定具有十分重要的意义。

2013 年 4 月底，自治区口岸办与俄边境建设署西伯利亚局在满洲里会谈，双方同意将中俄满洲里二卡—阿巴该图公路口岸开通工作提交中俄总理会晤运输分委会口岸工作组会谈。通过积极汇报争取，自治区口岸办和国家口岸办同意申报开通二卡口岸。国家口岸办同意将该口岸开通并补列入国家口岸开放"十二五"规划，并根据口岸建设实际情况补列入口岸开放审理计划，争取早日开通中俄满洲里二卡—阿巴该图公路口岸。

5. 胡列也吐水运口岸

胡列也吐位于内蒙古自治区呼伦贝尔市陈巴尔虎旗境内，海拉尔区西北部 120 公里。地理位置在东经 49°48′，北纬 118°27′，中俄边境地区，总面积 40 平方公里。东临东马格拉，西壤孟克西里州，南连广袤草原，北枕额尔古纳河，与凯拉斯堆、那伦、卡普查嘎图依、博格丹诺夫卡等俄罗斯村镇隔河相望。并以额尔古纳河为界，与俄罗斯赤塔州红石区凯拉斯堆口岸隔河相望。该口岸交通十分便利，不仅在额尔古纳河上可航行百吨货船，而且距海拉尔通往满洲里的 301 国道及滨州铁路最近处只有 30 公里，路况较好，冬夏均可通车。

胡列也吐口岸对面是赤塔州克拉斯诺卡缅斯克区（红石区），拥有 10 万人口，是俄罗斯在远东地区重要的原子工业原料基地，是靠近我国的较发达、人口较多的地区。这里只有重工业，缺乏轻工产品、农产品，劳动力短缺，当前双方易货和劳务合作较多。胡列也吐口岸由满洲里一关五检部门代管。

二、对蒙古国开放口岸建设与发展

1. 二连浩特铁路及公路口岸

二连浩特市位于内蒙古自治区锡林郭勒盟西部，地处中蒙边界，与蒙古国扎门乌德市隔界相望。1956 年，北京—乌兰巴托—莫斯科国际联运列车正式开通，二连浩特成为第二条亚欧大陆桥的桥头堡。就我国向北开放的前沿阵地而言，二连浩特是国家批准的首批十三个沿边开放城市之一；距离北京约 700 公里，有中国"北大门"之称，辖区面积 4015.1 平方公里。它面对蒙古国、俄罗斯及东欧国际市场，是我国向北开放的最前沿阵地；背靠我国"环渤海经济圈"和"呼包银经济带"，有进出口两种资源，是内蒙古自治区乃至我国重要的进出口物资集散地。

二连浩特公路口岸于 1992 年开通试运营，是我国对蒙古国开放的最大公路口岸，也是陆路连接欧亚最便捷的通道。2000 年 6 月改扩建旧公路口岸，新公路口岸总占地面积为 34.3 万平方米，最大通过能力为货运 240 万吨、客运 300 万人次。新联检区集通关查验、仓储运输、生活服务于一体，可一次性完成报关报检和稽费征缴工作；设有四进四出八通道，实现客货分流。近年来，公路口岸货、客运量在增加，特别是出口货运量逐年攀升。

二连浩特铁路口岸自古就是我国内陆通往北亚、东欧的咽喉要道，是我国与蒙古国接壤的唯一铁路口岸，以北京为起点经二连站到莫斯科；特别是通过京包线与天津港相连，是日本、东南亚及其他邻国开展对蒙古国、俄罗斯及东欧各国转口贸易的理想通道，更是蒙古国走向出海口的唯一通道。二连浩特口岸对内经济区域联系广阔，以二连浩特为终点的集二线，以集宁为枢纽，向东经北京、天津与环渤海经济区相连，向西经呼和浩特、包头与自治区中西部经济区相通，向南经大同与山西等能源基地相连，向北与地方铁路集通线贯通，又能与东北经济区遥相呼应。

2. 策克公路口岸

策克口岸位于内蒙古自治区最西北边陲的阿拉善盟额济纳旗境内，距额济纳旗达来呼布镇 61 公里，东距巴彦淖尔市甘其毛道口岸 800 公里，西距新疆老爷庙口岸 1200 公里，与蒙古国南戈壁省西伯库伦口岸相距 35 公里。策克口岸对外辐射蒙古国南戈壁、巴音洪格尔、戈壁阿尔泰、前杭盖、后杭盖五个畜产品、矿产资源较为富集的省区，既是阿拉善盟对外开放的唯一国际通道，也是国内陕西、甘肃、宁夏、青海四省区和内蒙古自治区共同利用的陆路口岸，成为我国西北地区连通蒙古国的重要交通枢纽、商贸中心、货物集散地和资源大通道，是继满洲里、二连浩特之后的内蒙古自治区第三大陆路口岸。

根据中蒙两国政府协定，于 1992 年经内蒙古自治区人民政府批准开通策克口岸为双边性季节开放口岸。2005 年 6 月 29 日，国务院（国函〔2005〕57号）批准策克口岸为中蒙双边性常年开放陆路边境口岸，分设公路通道和铁路煤炭运输专用线通道，并批准策克口岸设立海关、边检、检验检疫等查验机构。2009年1月12日，策克口岸正式常年对外开放。

随着对外经贸合作的加强，国家加大了口岸建设的力度，策克口岸的基础设施得到了根本改善。达来呼布镇—策克口岸35千伏输变电线路工程，于2004年1月12日竣工；嘉峪关—策克酒泉钢铁专用铁路已建设通车；嘉峪关至策克口岸运煤专用铁路已于2006年投入试运行；策克至乌斯太庆华运煤专用公路全线通车；总投资53.34亿元的东起巴彦淖尔市临河区，西至中蒙边境策克口岸的临策铁路于2006年10月28日完成开工奠基仪式，2009年12月26日开通。与此同时，通过招商引资，策克口岸的贸易经济区建设步伐不断加快，形成投资热潮，一大批工业项目入驻口岸地区。

策克口岸的对外开放带动了边境贸易、第三产业的繁荣与发展，尤其是内蒙古自治区庆华集团与蒙古国"蒙古之金"集团合作，共同开发蒙古国那林苏海特煤田，为自治区实施"走出去"发展战略树立了成功典范。目前，酒钢集团公司、太西煤集团、北京永晖集团、华越公司等大型企业在蒙古国实施的合资、合作开发项目进展顺利。以上项目的相继实施，必将为策克口岸经济发展注入新的活力，也促使策克口岸走向"大口岸""大通道""大发展"之路。餐饮旅游业已成为策克口岸的新亮点，正在逐步利用口岸优势，进一步发展跨国境的商贸旅游和观光旅游。

3. 甘其毛都公路口岸

甘其毛都口岸坐落于内蒙古自治区巴彦淖尔市乌拉特中旗中蒙边境

第 703（原 288）号界碑处，南濒黄河后套，北与蒙古国南戈壁省汉博格德县嘎顺苏海图口岸隔界相望，两口岸相距 1 公里，边境线长 184 公里，是中蒙两国人民友好往来的重要通道和进行货物贸易的主要场所。1989 年 12 月 20 日，自治区人民政府批准甘其毛都为对蒙边境贸易临时过货点，1990 年 2 月 23 日实现了首次过货。1992 年 6 月 24 日，甘其毛都正式批准为国家一类季节性双边口岸。2004 年 9 月 28 日生效的《中华人民共和国政府和蒙古国政府关于中蒙边境口岸及其管理制度的协定》，确定甘其毛都口岸由双边性季节开放口岸提升为双边性常年开放口岸。2004~2006 年，经报请国家口岸办批准，甘其毛都口岸可在非开放期间临时开放，进行煤炭运输。2009 年 8 月 28 日，中国甘其毛都口岸与蒙古国嘎顺苏海图口岸常年开放庆典仪式在甘其毛都口岸隆重举行。

甘其毛都口岸对应的蒙古国南戈壁省拥有丰富的煤、铜、金等矿产资源。经国家口岸办批准，乌拉特中旗三和能源开发公司和巴彦淖尔普兴矿业公司自 2004 年 4 月起通过甘其毛都口岸进口蒙古国从塔本陶勒盖煤矿原煤。加拿大艾芬豪公司从 2005 年起做开采铜矿的前期准备工作，该项目投产后，每年将通过甘其毛都口岸进口铜精粉约 200 万吨。

为了适应中蒙经济技术合作新形势的发展需要，加大了口岸规划建设力度，其中包括口岸通道、联检大楼、铁路、公路、生活区、贸易区、货场、煤场、输水工程、集中供热、污水处理、口岸广场、绿化工程等，口岸规划区面积 2.2 平方公里。目前，口岸已实现了通水、通电、通路、通电话，联检配套设施逐渐完善。由新大地公司采用 BOT 方式承建的口岸公路已开工建设，工程总投资 1.9 亿元，2007 年 9 月主体完工；由华泰公司投资 1000 万元的海关监管库改扩建工程已开工；呼和浩特海关投资 140 万元在口岸通道安装了出入境检测设备；总投资

3800万元的口岸集镇道路和管网铺设也已开工建设。这些基础设施项目的建成，改变了口岸功能单一、设施简陋的状况，为口岸实现常年开放创造了必要的条件。

4. 珠恩嘎达布其公路口岸

珠恩嘎达布其口岸位于内蒙古自治区锡林郭勒盟东乌珠穆沁旗乌里雅斯太镇以北68公里处嘎达布其镇境内，中蒙边界1046号界标处，与蒙古国苏赫巴托省毕其格图口岸对应。珠恩嘎达布其口岸历史上称蒙马处，是中蒙两国人民友好往来的通道；昔日通商通道的房舍至今尚存，在蒙古国具有很高的知名度。珠恩嘎达布其口岸距盟所在地锡林浩特市300公里，沿中蒙边界距二连浩特口岸450公里。口岸对内辐射周边赤峰市、通辽市、兴安盟以及东北老工业基地和环渤海经济圈，对外辐射矿产和动植物资源极为丰富的蒙古国苏赫巴托、东方、肯特三省，是蒙古国、俄罗斯最便捷的出海口之一，既是京、津、唐地区通往俄罗斯、蒙古国最便捷的重要通道，也是连接俄罗斯赤塔和中国锦州港的第三大亚欧大陆桥的"桥头堡"。

珠恩嘎达布其口岸是1992年经国务院批准开放的国家一类口岸；2004年9月28日生效的《中蒙两国边境口岸及其管理制度协定》中确定珠恩嘎达布其口岸为国际性常年开放口岸。2006年8月1日，国务院批准珠恩嘎达布其口岸扩大为国际性常年对外开放口岸。2008年1月3日，中蒙双方的珠恩嘎达布其—毕其格图口岸正式对外常年开放。2011年，蒙古国政府在毕其格图口岸设立了口岸办，它是蒙古国第一个批准设立的边境口岸办事协调机构。

珠恩嘎达布其口岸地处二连浩特口岸和满洲里口岸的中间地段，口岸辐射的蒙古国苏赫巴托、东方和肯特三省既是有色金属、石油、煤炭等矿产资源富集区，又是动植物资源十分丰富的省份，具备连接东西、纵贯南北的地缘区位优势，对内蒙古自治区中部地区融入环渤海经济圈、融入国际经济大循环、促进区域经济发展具有重要意义。珠恩嘎达布其口岸业务不断拓展，人流、物流不断扩大，贸易额持续增长。"十五"期间，口岸进出口货物累计 85 万吨，年均递增 59.5%；进出口贸易额 6.5 亿元，年均递增 67.8%。珠恩嘎达布其口岸经贸合作方式正在突破一般边境贸易的局限，在投资、矿产开发、劳务输出、市政建设和补偿贸易等方面已做出了积极的尝试。

口岸基础设施已初具规模，实现了"六通"，即通路、通电、通信、通水、通暖、通有线电视。珠恩嘎达布其口岸—乌里雅斯太镇—西乌旗巴彦乌拉镇铁路项目已被列为巴新铁路（西乌旗巴彦乌拉镇至辽宁阜新铁路）二期工程，2011 年 9 月 19 日施工队已进场，这条铁路建成后将成为打通欧亚大陆新的重要通道，为蒙古国、俄罗斯提供一条最便捷的出海口。线路全长 260 公里，总投资约 38 亿元，分四期工程建设。线路建成后与锡多线相连，经蓝旗、丰宁，到达曹妃甸港区，构成内蒙古自治区中部的出海通道；与辽宁春城集团修建的巴新铁路（巴彦乌拉至阜新新邱段）连接，北上蒙古国、南下辽宁省锦州等港口，形成一条中蒙国际铁路通道和内蒙古自治区资源外运的主通道，为蒙古国提供新的最为便捷的出海通道，构筑起新的欧亚大陆桥。

珠恩嘎达布其口岸旅游资源十分丰富，草原生态景观悦目畅怀，民族文化源远流长，民俗风情自然淳朴，异国风情多姿多彩。口岸拥有国门景观、界碑景观、边界线景观、联检风景区四个口岸景观和五个"牧人之家"旅游点，开辟了乌里雅斯太镇—乌里雅斯太山景区—珠恩嘎达布其口岸度假村、乌里雅斯太镇—珠恩嘎达布其口岸—蒙古国毕其格图口岸—蒙古国混都仑海里苏太度假村、乌里雅斯太镇—珠恩嘎达布其口岸—蒙古国毕其格图口岸—蒙古国白音海里苏太度假村三条旅游线路。珠恩嘎达布其口岸还与蒙古国多处旅游景区建立了旅游合作关系，形成了集草原生态景观、口岸景观、民俗风情、异国风情为一体的旅游产品结构体系，并形成了集草原、民俗、生态、山石、边境、口岸为一体的乌里雅斯太镇至珠恩嘎达布其的乌珠穆沁大旅游圈。

5. 阿日哈沙特公路口岸

阿日哈沙特口岸位于内蒙古自治区呼伦贝尔市新巴尔虎右旗阿日哈沙特镇境内，中蒙边界 1495 号界标，距新巴尔虎右旗政府所在地阿拉坦额莫勒镇 82.3 公里，距满洲里口岸 205 公里，与蒙方对应口岸是蒙古国东方省哈比日嘎口岸。阿日哈沙特与哈比日嘎同处草原地段，地势平坦，公路畅通，以阿拉坦额莫勒镇为中心，有通往满洲里市、海拉尔市和通过新巴尔虎左旗通往乌兰浩特的公路，交通十分便利。我国对外开放以来，中蒙双方加强了友好往来，双方从边境贸易等小额贸易开始，经贸往来发展较快。

阿日哈沙特公路口岸是 1992 年 3 月 11 日由国务院国函〔1992〕25 号文件批准的一类双边性季节开放口岸。按照《中蒙边境口岸及其管理制度的协定》，从 2005 年 4 月 1 日起，阿日哈沙特公路口岸每年 1 月 1 日至 1 月 20 日和 4 月 1 日至 10 月 31 日集中开关。

蒙古国东方省、苏赫巴特省、肯特省作为毗邻地区，自然资源和生态条件富集，但经济发展相对落后，部分轻工产品不能自给，特别是粮食需要大量进口。蒙古国东方省的商品 80% 来源于中国，且大部分是经阿日哈沙特口岸进口的。其本国产品和其他国家进口的商品各占 10%。我国经阿日哈沙特口岸出口的产品主要分为机电、日用品、服装、粮油、蔬菜水果、建筑材料等；进口的产品有铅锌矿精粉和原油、畜产品和水产品、废旧铜铁等。

阿日哈沙特公路口岸已设立阿日哈沙特边防检查站，海关由海拉尔海关兼管，检验检疫由满洲里检验检疫局动植物检验检疫处负责。

6. 满都拉公路口岸

满都拉口岸位于包头市满都拉镇境内中蒙边境 757 界碑处，地处呼和浩特—包头—银川经济辐射圈内，距达茂旗政府所在地百灵庙镇 136 公里，是距自治区首府呼和浩特市（289 公里）和自治区最大工业城市包头市（288 公里）最近的陆路口岸。满都拉口岸对应蒙古国杭吉口岸，距蒙古国首都乌兰巴托 600 公里，距珠巴音火车站 213 公里。经该口岸由呼和浩特市和包头市到蒙古国首都乌兰巴托的行程，比现在途经二连浩特口岸到乌兰巴托的行程缩短 1/3，区位优势十分显著。

满都拉口岸 1992 年被自治区人民政府批准为季节性对外开放的二类口岸，2002 年 12 月 23 日实现首次开关过货，每年 3 月、5 月、8 月、11 月的 16～30 日开放。满都拉口岸累计投资近 1 亿元，完成了水、电、路、通信等基础设施建设。口岸总占地面积 113467 平方米，其中建筑面积 3336 平方米，硬化面积 7000 平方米。口岸实现了电子报关、报检、网上支付税款和畜产品油脂化验。口岸已建成百灵庙—满都拉二级公路和白云鄂博—巴音花铁路，以及满都拉镇—出境点 20.8 公里疏港黑色路面工程，确保了车辆畅通、高效、快捷通行；完成了满都拉镇至口岸 20 公里 10 千伏输变电线路工程；建设了口岸供水系统，包括 2 眼井、1 个水塔及净化水系统；建设了百灵庙—满都拉口岸光缆通信，移动和联通通信，建成了"一关两检"专用计算机网络，保障了口岸各项通信设施顺利运行。

满都拉口岸主要进口蒙古国额勒苏泰（距口岸 150 公里）铁矿石、

阿嘎如特（距口岸 60 公里）铁矿石和艾勒巴音（距口岸 170 公里）煤炭；此外，口岸正在开展满都呼诺尔（距口岸 180 公里）煤矿和查干苏布日格（距口岸 224 公里）铜矿的前期工作，明年将经满都拉口岸批量进口。出口方面，满都拉口岸已多次向蒙古国出口了大型运输车辆、机械设备和建筑材料等。2011 年，满都拉口岸进出口货物 16.9 万吨；货运量在全区公路口岸排名第六。2012 年度全年进出口货物 42.2 万吨，同比增长 150%、货值 1.72 亿元，同比增长 20.3%；进口货物累计 41.79 万吨、同比增长 159%，货值 1.36 亿元，同比增长 149%；出口货物累计 0.4 万吨、货值 3657.86 万元；2012 年度全年出入境人员 54074 人次，同比增长 13.9%、车辆 20715 辆次，同比增长 27.3%。

满都拉口岸所属行政区——达尔罕茂明安联合旗，是中国传统牧区和游牧文明的重要发祥地之一，草原文化积淀深厚，历史上楼烦、匈奴、鲜卑、突厥、蒙古等众多游牧民族在这里繁衍生息，创造出璀璨的文明。目前，口岸已成功举办了四届中国游牧文化旅游节，推出百余项文化、体育、旅游、经贸等系列活动项目，包括那达慕大会、传统民族服饰大赛、蒙古式摔跤"搏克"精英赛、"印象草原"汽车影院观影等活动；为突出中蒙两国交流互动元素，专门举办了中国满都拉—蒙古国杭吉口岸文化旅游节、蒙古国专场文艺演出、中蒙奇石展、中蒙汽车越野拉力赛等活动。

7. 额布都格水运口岸

额布都格口岸位于阿木古郎镇西南 22 公里处，与蒙古国巴音胡舒口岸隔哈拉哈河相对应。额布都格口岸距海拉尔市 180 公里，距满洲里 260 公里，1991 年设立临时过货点，1992 年成为自治区二类口岸。2004 年 9 月 28 日，《中蒙边境口岸及其管理制度协定》确定额布都格口岸为双边性季节开放口岸，每年2月、5月、8月、11月的1~15日集中开关。目前，口岸基础设施建设初具规模，已实现"四通"。2005年11月，额布都格—巴音胡舒中蒙口岸第一桥竣工通车。2006年2月，国家口岸办批准额布都格口岸临时对大庆油田常年集中开关。

额布都格口岸区位特殊，既处在对蒙资源开发的战略高地，又处在呼伦贝尔市和兴安盟经济板块的交会区，对蒙开放是重要的桥头堡，对内经济发展又是一台大马力发动机，内引外联的作用十分突出，是呼伦贝尔市8个对外开放的重要门户之一，境外矿产资源、农牧业资源、旅游资源开发及中蒙跨境经济合作的潜力巨大。

额布都格口岸发展前景广阔。一是蒙古国石油资源丰富，现在大庆油田在蒙古国开采塔木察格油田所取的设备、原材料均从额布都格口岸通关。二是蒙方旅游资源丰富，特点突出。例如，世界上最早的立体式战争——诺门罕战争的主战场大部分在蒙古国境内，战场原貌保留完好，战争遗物随处可见，并建有诺门罕战争博物馆、纪念塔和纪念碑；怒木日格原始森林、莫能大草原及草原野生黄羊群等自然景观，都具有很好的旅游开发前景。

8. 阿尔山公路口岸

阿尔山口岸位于中蒙边境1382~1383号界标之间，与蒙古国有93.513公里的边界线，距离阿尔山市区28公里。与阿尔山口岸对应的是蒙古国东方省的松贝尔口岸，距离蒙古国东方省哈拉哈高勒苏木（原松贝尔苏木）96公里，距东方省省会乔巴山市456公里，距首都乌兰巴托1111公里。

阿尔山口岸地处东北亚经济圈腹地，既是中国东北经济区的西出口和连接亚欧陆桥最近的通道，也是联合国开发计划署规划的"两山"

（阿尔山—乔巴山）铁路的起点和"两伊"（伊尔施—伊敏河）铁路的枢纽。阿尔山在历史上就是中蒙边贸与友好往来的通道。早在 1947 年，内蒙古自治区就曾在阿尔山设立办事处，负责内蒙古自治区人员赴蒙古国的双边贸易事宜。1992 年阿尔山口岸被批准为国家二类口岸，不定期开放。2004 年 9 月 28 日，经《中蒙边境口岸及其管理制度协定》确定升格阿尔山口岸为国际性季节开放口岸，口岸的通道位置、开放时间等得到了中蒙两国政府的确定。目前，口岸规划区实现了路、电、移动通信"三通"。2006 年 7 月，中蒙两国正式签署修建阿尔山—松贝尔口岸界河桥协议，界河桥的修建于 2007 年 5 月开工，2008 年 9 月界河桥建成，口岸联检楼等基础设施正在建设中。口岸开通后，将形成东起图们江、西接蒙古、北连西伯利亚的东北亚地区新的欧亚大陆桥，使欧亚抵达太平洋的运输距离缩短 1700 公里；口岸也将成为中蒙边境第一大生态旅游口岸。

9. 巴格毛都公路口岸

巴格毛都公路口岸位于内蒙古自治区巴彦淖尔市乌拉特后旗潮格温都尔镇境内，东经 106°10′30″，北纬 42°06′42″，中蒙边境 679 界标附近，蒙古国一侧为南戈壁省。1993 年内蒙古自治区批复巴格毛都口岸为二类口岸。口岸距旗府所在地巴音宝力格镇 143 公里，距市府临河区 193 公里，其中 93 公里为边防公路。

巴格毛都口岸对面蒙古国境内资源富集，且该资源也是我国加快发展所需资源。蒙方境外资源由于受水、电等条件的制约，采出原矿后必须异地选冶。乌拉特后旗矿山工业基础雄厚，根据我国实施的"向北开放"战略，我国可充分利用蒙方境内丰富的铅、锌、铜、煤等资源，进一步发展铅、锌、铜采选、冶炼、焦化等项目。

沿边境一线的川敖公路与潮格温都尔镇相通。巴格毛都口岸正申请设为常年开关口岸，对口岸的联检大楼、办公区、生活区等基础设施建设和赛乌素镇至巴格毛都口岸公路的改造工程已立项。

巴格毛都口岸是巴彦淖尔市对外开放的一个重要窗口，具有比较有利的优势。在2000年内蒙古自治区人民政府办公厅关于二类口岸清理整顿中，暂时关闭巴格毛都口岸。巴彦淖尔市积极申请巴格毛都口岸重新开关，已经列入"国家口岸建设'十一五'规划"。

巴彦淖尔市计划将潮格温都尔镇建成集边境口岸、沙漠探险、草原观光和风电景观为一体的旅游名镇；同时，提前做好巴格毛都口岸的规划，着力将其打造成为以物流、边贸、境外旅游业为主的新型边贸城镇。巴格毛都口岸将成为连接内地与蒙古国的一条大通道，蒙古国丰富的矿产资源必将为乌拉特后旗矿山工业经济的持续发展奠定坚实的基础。

三、国际航空口岸的建设与发展

1. 呼和浩特航空口岸

呼和浩特白塔国际机场位于中国内蒙古自治区首府呼和浩特市。机场名称中的"白塔"得名于其附近的古迹万部华严经塔。呼和浩特白塔机场位于呼和浩特市东面14.3公里处，于1958年10月1日建成通航；1991年3月开通至蒙古国首都乌兰巴托的航线，成为我国起降国际定期航班的机场之一；12月1日，国务院批准白塔机场为航空口岸机场，1992年3月31日正式对外开放。目前，呼和浩特白塔机场已开通了至日本、韩国、中国香港等国家和地区的不定期旅游包机航线。白塔机场历史上历经 1986 年、1996 年两次大规模扩建。2007 年 6 月，呼和浩特白塔机场最近一次扩建工程完工，航站区新建一座航站楼，面积54499 平方米，可满足年吞吐旅客 300 万人次的使用要求；航站楼北侧建高架桥，南侧指廊安装 11 部登机廊桥；同时投入使用的新停机坪面积为 37.4 万平方米，可同时停放 32 架飞机，可降落波音 747-400 等大型客机，同时保证 A380 飞机备降。飞行区配套建设助航灯光、导航、气象、飞行区消防等设施。因规模的扩大和地理优势，白塔机场将成为北京首都国际机场的第一大备降机场。

2006 年，呼和浩特机场旅客吞吐量首次突破 150 万人次，达到1509643 人次，标志着呼和浩特机场已进入国内中型枢纽机场行列；货邮行吞吐量 15875.5 吨，换算旅客吞吐量 1686037 人次，保证飞机起降 21468 架次，其中运输飞行 20649 架次；与上年同期相比，分别增长 37.2%、20.3%、35.2%、33.5% 和 30.5%；共完成旅客发运量776234 人次，货邮行发运量 7943.8 吨，分别比上年同期增长 37.8%和 4.7%。

2. 海拉尔航空口岸

海拉尔航空口岸位于海拉尔市东山机场，距市区 5 公里，靠近欧亚大陆桥满洲里，有畅通便利的公路、铁路、航空立体交叉的交通网络，是自治区开放最早、执行正式国际航线最多的航空口岸，可辐射呼伦贝尔市全境、东北三省、俄联邦、蒙古、日本、韩国及我国港、澳、台等国家和地区，在我国向北开放方面发挥着重要作用。

1953 年 3 月正式开通并成立了中苏航空股份公司海拉尔航空站，航线为赤塔—海拉尔—平壤。1955 年，苏方将股份移交中方，由中方单独经营。1993 年 7 月 6 日，国务院批复同意海拉尔航空口岸对外开放。1995年9月15日,口岸正式对外开放。1996年5月3日,口岸正式开通了海拉尔—赤塔航线,由国航内蒙古自治区分公司使用BAE146机型执行飞行任务。

呼伦贝尔市口岸办公室对该口岸实施口岸管理,海拉尔海关、边防检查站、出入境检验检疫局担负口岸的查验工作,现场为过往人员、行李物品、交通工具办理出入境手续,具备基本通关能力,可保障现有三条正式国际航线和部分国际旅游包机正常运行。

海拉尔东山机场已经成为内蒙古自治区东部地区规模最大、功能最完善、开通航线最多、业务最繁忙的机场。目前,海拉尔航空港累计开通国际航线10条,国际正式航班数量及旅游包机数量均居自治区首位;开通国内航线36条,连通城市33个(其中省会城市18个),运营航空公司达15家。2012年,海拉尔机场日高峰起降航班83架次,日高峰旅客吞吐量11200人次。现开通运营的国际航线有5条:对俄两条,分别是北京、海拉尔至赤塔和海拉尔至伊尔库茨克;对蒙古国两条,分别是海拉尔至乌兰巴托和海拉尔至乔巴山、乌兰巴托;另有海拉尔至香港、台湾等地区的常年旅游包机。

海拉尔国际航空口岸基础设施已日趋完善,知名度和影响力显著增强,辐射功能和对外开放作用愈加凸显。近年来,市、区两级政府及联检单位多次投入机场建设的资金累计达3000万元。2012年新增国内候机区面积1500平方米,国际候机楼入境区装修后新增100余平方米;2012年海拉尔区政府出资,完成了800平方米国际货运监管仓库的建设、国际候机楼内行李传输带的采购和安装、国际候机楼内的装修改造。这些项目的竣工,使海拉尔航空口岸硬件设施建设和通关保障能力得到了加强。海拉尔口岸现已形成口岸办专人负责、联检单位协调联动的和谐通关机制,保证了口岸的高效运转及航线的正常运营。

内蒙古自治区首个台湾居民口岸签注点在海拉尔建立，解决了台湾居民进入呼伦贝尔市的签注许可问题，对商务、旅游、探亲的台胞进入呼伦贝尔市提供了便利，在宝岛台湾和呼伦贝尔大草原之间构筑了一个空中桥梁，为台湾旅客经呼伦贝尔赴俄罗斯和蒙古等地开辟了通道。

3. 满洲里航空口岸

满洲里机场距中俄国界线约 7 公里。机场于 2005 年 2 月 25 日正式通航；二期扩建工程于 2006 年 5 月 1 日开始不停航施工，2008 年机场完成二期扩建；扩建后跑道延长至 2800 米，飞行区等级达到 4D，新建站坪可停放 7 架飞机，新航站楼面积扩大至 2 万平方米，可满足年旅客吞吐量 200 万人次、高峰小时 1400 人次的需求。2009 年 2 月满洲里西郊机场国际航空口岸正式获得国家批准。

满洲里市政府与海航集团于 2004 年 9 月签订合作协议，委托海航集团经营管理满洲里机场。机场投入运营以来，运输生产发展迅速，先后开通满洲里至北京、上海、广州、深圳、青岛、杭州多条航线；2011年先后开通满洲里至俄罗斯伊尔库茨克、赤塔 2 条定期国际包机航线和满洲里至香港临时包机航线；俄罗斯航线航空公司开通满洲里至伊尔库茨克、乌兰乌德、克拉斯若亚尔斯克等国际航线。目前，海航、中联航、国航使用波音 737-800 型飞机每天执行北京—满洲里往返航班，构建起了国内经满洲里至俄罗斯的空中通道，逐步打造连接中国与俄罗斯、东亚与欧洲的客货中转机场。

近年来，满洲里机场深入开展安全生产专项整治，结合安全生产月活动和上级行业主管部门检查，针对北方高寒机场保障特点，严格按照安全标准和规章，加强自我监督，主动查找安全生产中的隐患，制定措施限时整改，摸索总结经验。2006 年 9 月 13 日，满洲里西郊机场顺利通过了民航航空保安审计，成为民航华北地区首批、内蒙古自治区第一家正式通过航空保安审计的单位；2007 年 12 月 25 日，通过了 ISO9001 质量管理体系国际认证；并通过了中国民用航空局安全审计，获中国民用航空华北地区管理局 2008 年行李运输服务优胜奖、内蒙古省级青年文明号、满洲里市文明和谐窗口单位等荣誉。以上荣誉为促进满洲里对外交流、经济发展和精神文明建设做出了突出贡献，为满洲里机场对外开放奠定了坚实基础。

随着满洲里国家重点开发、开放实验区建设的加快，满洲里市委、市政府提出了继续做大口岸经济，力争将满洲里打造成我国重要的国际贸易、外向型加工制造和跨境旅游的基地。满洲里机场进入新一轮快速发展时期，将充分发挥满洲里对外开放的桥头堡的作用，使满洲里真正成为公路、铁路、航空三位一体的国际口岸，为人员交往和经贸发展提供更加便捷、高效的服务，对提升对外开放水平、加快满洲里融入东北亚经济圈、促进内蒙古自治区口岸经济的发展都具有重要的推动作用。

第三节　内蒙古自治区实施跨国旅游合作的具体边境旗（市）或口岸范围界定

改革开放以来，特别是国家实施沿边开放战略以来，内蒙古口岸经济从无到有、从小到大，发展迅速，已初具规模，在自治区边境地区乃至全区社会经济发展中占有极其重要的地位。口岸经济的发展有效地带动了边境地区经济繁荣和社会稳定，推动了口岸城市建设，促进了边境地区城镇化进程，丰富了老百姓的生活，增加了国家财政收入，创造和扩大了就业机会，带动了个体私营企业的快速发展，实现了旅游与贸易的有机结合，稳定了边疆并扩大了与周边国家的友好往来。

目前，我区口岸经济可分为已具规模的综合开发型、初具规模的资源开发与转化型、待开发的旅游与贸易型三种类型，逐步构建起以满洲里、二连浩特为框架主干，其他对俄蒙口岸为辐射点的口岸经济整体框架，形成了以口岸为依托的沿边开放带。发展以对俄罗斯、蒙古以及东欧等国的经济贸易技术合作为重点，带动资源开发和经济发展，成为自治区新的经济增长点。其中，旅游商贸业发展迅速，成为口岸经济发展的亮点。内蒙古自治区各口岸与俄蒙对接，对开展边民互市贸易和旅游贸易创造了独特的条件。

一、对俄罗斯开放口岸城市或所属边境旗（市）旅游业发展现状

对俄罗斯开放口岸城市或所属旗（市）中，满洲里市是唯一兼具铁路、公路和航空口岸功能的综合开发型口岸城市；依托黑山头、室韦口岸的额尔古纳市具有明显的资源引进与转化的特征，口岸基础设施建设已初具规模，对依托口岸进口的资源进行开发与转化的工业园区正在建设中；二卡、胡列也吐口岸均属季节性开关口岸，由于开关时间短，贸易过货量少，口岸基础设施建设不到位，功能发挥相对较弱，有待于进一步开发。按照沿边境线从东向西的顺序，各对俄开放口岸城市或所属旗（市）的国民经济和旅游业发展情况详见表4-2。

表4-2　对俄开放口岸城市或所属旗（市）国民经济和旅游业发展情况

口岸名称	所在地	GDP（亿元）			旅游人数（万人次）			旅游总收入（亿元）		
		2005年	2010年	2015年	2005年	2010年	2015年	2005年	2010年	2015年
黑山头水运口岸	额尔古纳市	12.4	26.9	46.1	—	88.12	457.5	—	6.56	44.2
室韦水运口岸										
胡列也吐水运口岸	陈巴尔虎旗	16.28	52.8	90.92	30	70	142.6	0.73	2.81	5.71
满洲里铁路口岸	满洲里市	60.05	127.3	225.8	160.3	551	607.7	19	37.1	46.3
满洲里公路口岸										
二卡公路口岸										

注："—"表示国民经济和社会发展统计公报中无此项记录。

资料来源：各口岸历年国民经济和社会发展统计公报。

由表 4-2 分析可得，从 GDP 总量、旅游接待人数和旅游总收入三项指标综合来看，满洲里市旅游发展实力最强，额尔古纳市次之，陈巴尔虎旗最弱。结合本章第二节对俄开放口岸发展概况的总结，从对俄开放口岸跨国旅游合作基础来看，综合考虑口岸对外开放时间、口岸级别、口岸经济发展情况、口岸基础设施和配套设施建设、口岸交通网络构建、旅游业发展情况、辐射带动范围等因素，应以满洲里铁路及公路口岸为龙头，重点发展满洲里市跨国旅游合作，积极推进额尔古纳市跨国旅游合作，发挥地缘优势、联动海拉尔国际航空口岸，形成辐射东四盟市（呼伦贝尔市、兴安盟、通辽市、赤峰市）及京津冀地区的跨国旅游发展格局。

二、对蒙古国开放口岸城市或所属边境旗（市）旅游业发展现状

对蒙古国开放口岸城市或所属旗（市）中，二连浩特是唯一兼具铁路、公路口岸功能的综合开发型口岸城市；珠恩嘎达布其口岸所在地东乌旗、甘其毛道口岸所在地乌拉特中旗和策克口岸所在地额济纳旗的经济具有明显的资源引进与转化的特征，口岸基础设施建设已初具规模，对依托口岸进口的资源进行开发与转化的工业园区正在建设中；阿日哈沙特、额布都格、阿尔山、满都拉、巴格毛都等小口岸均属季节性开关口岸，由于开关时间短，贸易过货量少，口岸基础设施不很到位，功能发挥相对较弱，有待于进一步的开发。

中蒙边境游于 1991 年 9 月 18 日正式开通，仅限一日游。2009 年因证件原因一度被暂停，2012 年 5 月，边境"一日游"才再次恢复开通，增开了 4 个边境旅游多日游项目，意在打造体验异国"蒙古风情"。

按照沿边境线从东向西的顺序，各对蒙古国开放口岸城市或所属旗（市）的国民经济和旅游业发展情况详见表 4-3。

表 4-3 对蒙开放口岸城市或所属旗（市）国民经济和旅游业发展情况对比

口岸名称	所在地	GDP（亿元）			旅游人数（万人次）			旅游总收入（亿元）		
		2005 年	2010 年	2015 年	2005 年	2010 年	2015 年	2005 年	2010 年	2015 年
二连浩特铁路口岸	二连浩特市	—	47.6	100.73	—	124.38	183.3	—	21.81	40.47
二连浩特公路口岸										
阿日哈沙特口岸	新巴尔虎右旗	11.51	46.15	78.03	24.4	36.82	53.2	1.2	2.41	3.47
额布都格口岸	新巴尔虎左旗	8.87	22.6	35.9	21.25	18.6	58	0.76	1.93	3.77
阿尔山	阿尔山市	—	9.03	16.81	—	70.2	252.2	—	7.02	32.99
珠恩嘎达布其	东乌旗	26.77	58.7	108	15.8	—	82	0.45	—	13
满都拉	达茂旗	—	119.02	218.6	—	—	—	—	—	—
甘其毛都	乌拉特中旗	—	67.4	99.56	—	—	54.94	—	—	5.95
巴格毛都	乌拉特后旗	—	63.3	63.04	—	—	—	—	—	—
策克	额济纳旗	—	31.54	41.1	—	33.78	110.64	—	2.52	14.62

注："—"表示国民经济和社会发展统计公报中无此项记录。

资料来源：各口岸历年国民经济和社会发展统计公报。

由表 4-3 分析可知，近年来达茂旗、乌拉特中旗和乌拉特后旗的 GDP 值分居第一、第二和第三，但是旅游业发展缓慢，相应国民经济和社会发展统计公报中无相关数据；二连浩特市 GDP 值居第四、旅游接待人数和旅游总收入却居第一；额济纳旗 GDP 值小于新巴尔虎右旗和新巴尔虎左旗，旅游接待人数和旅游总收入却高于两旗，且额济纳旗近年来的旅游接待人数和旅游业总收入的增幅最大；阿尔山市 GDP 值最小，但旅游接待人数和旅游业总收入却位列第二，且增幅明显。

从 GDP 总量、旅游接待人数和旅游总收入三项指标综合来看，结合第四章第二节对俄开放口岸发展概况，综观对俄开放口岸跨国旅游合作基础，综合考虑口岸对外开放时间、口岸级别、口岸经济发展情况、口岸基础设施和配套设施建设、口岸交通网络构建、旅游业发展情况、辐射带动范围等因素，应以二连浩特口岸、阿尔山口岸和策克口岸为龙头，大力开展对蒙跨国旅游合作。

总之，要着力打造以二连浩特口岸为龙头，联动呼和浩特国际航空口岸和包头市集装箱口岸，辐射锡林郭勒盟、乌兰察布市、呼和浩特市、包头市和鄂尔多斯市的对蒙跨国旅游合作格局；发挥地缘优势，将阿尔山口岸与满洲里口岸联合打造成具有国际影响力的俄蒙跨国旅游合作区；充分发挥策克口岸作为内蒙古自治区、陕西、甘肃、宁夏、青海五省区所共有的陆路口岸，西北中部对外开放的唯一国际通道，连接我国西北地区及国内外的重要交通枢纽、商贸中心、货物集散地和能源矿产资源大通道的优势，形成辐射阿拉善盟、乌海市和巴彦淖尔市三盟市和西北地区的对蒙跨国旅游合作格局。

第四节　实施跨国旅游合作的口岸城市或边境旗（市）旅游业发展现状

一、满洲里市

满洲里口岸业务辖区 45 万平方公里，管辖范围包括内蒙古自治区的呼伦贝尔市、兴安盟、通辽市和赤峰市。关区内有 6 个一类口岸（满洲里铁路口岸、满洲里公路口岸、阿日哈沙特口岸、海拉尔航空口岸、黑山头口岸和室韦口岸）和 3 个二类口岸（额布都格口岸、阿尔山口岸以及二卡口岸）。党的十一届三中全会以来，满洲里口岸的基础设施建设和通关环境得到了很好的改善，通关效率和服务水平也得到了极大的提高。随着经济建设的飞速发展，满洲里的旅游业也随之发展起来，从而吸引了国内外游客的光顾，促进了满洲里口岸通关贸易的发展。同时，旅游业的发展也带动了商业、餐饮业、服务业、金融保险业、娱乐业、交通运输等相关产业的发展，为满洲里市的经济发展带来了空前的机遇。中俄两国庞大的旅游市场和互补性的旅游资源，以及两国不断深化的旅游交流与合作，使中俄跨境旅游热持续升温。满洲里成功举办了十二届"中·俄·蒙国际旅游节"，三国风土人情得到不同形式的推广，已成为当地重要的旅游品牌。

满洲里具有得天独厚的区位优势，是"亚欧第一大陆桥"的要冲，与俄罗斯、蒙古国均接壤，具有连接中、俄、蒙三国的地缘优势，距离俄罗斯赤塔 427 公里、距离乌兰乌德 1029 公里、距离伊尔库茨克 1487

公里；它位于内蒙古自治区东部，背靠我国东北三省，经济活动与东北老工业基地和环渤海经济圈联系密切，成为我国东北经济区的重要增长极，无论在开展跨国旅游合作方面，还是在中俄、中蒙对外贸易中都发挥着重要作用。

满洲里铁路口岸向西延伸可以连接俄罗斯西伯利亚大铁路，货物经莫斯科、圣彼得堡，最后到达荷兰鹿特丹港，远销到欧洲；向东延伸到俄罗斯远东地区，货物在符拉迪沃斯托克出港，经过海上运输，最后可以到达朝鲜、日本、韩国和北美洲等国家。满洲里口岸是内蒙古自治区唯一拥有铁路、公路和航空三位一体的功能性口岸，经济发展速度快，对周边地区的辐射带动能力强。

满洲里市政府高度重视旅游业的发展，历年来不断加强旅游基础设施建设，积极开拓旅游市场，坚持以边境旅游为龙头、大力发展国内旅游和国际常规旅游，并逐步延伸跨境旅游线路、向内地深入，旅游产业规模逐步扩大、旅游产品层次明显提升，极大地推动了旅游产业化加速发展的进程，其主要成就详见表4-4。

表4-4　1999~2012年满洲里市旅游业发展举措及主要成就

年份	主要成就	具 体 表 现
1999	旅游景点建设取得新进展	进一步完善了东湖生态旅游度假村建设并取得初步效益；俄罗斯风情园前期工作基本完成；开始注重冬季旅游产品开发，成功举办了呼伦贝尔首届冰雕雪橇节暨满洲里第三届冰雕游园会；积极开拓国内外旅游市场取得初步成效；出入境旅游实现计算机联网管理

年份	主要成就	具体表现
2000	旅游市场开发、景点、景区和旅游服务网络建设取得突出成就	叶尼塞俄罗斯风情园、二卡等景点、景区建设稳步推进；"互市贸易区"被国家旅游局评为"全国 4A 级旅游景区"；内蒙古自治区旅游专修学院满洲里教学部及内蒙古自治区旅游培训中心满洲里分中心在满洲里的设立，旅游教学、培训工作从无到有；首届"中俄满洲里—赤塔冰雪旅游节"备受关注，冬季旅游逐渐升温；"满洲里—大陆桥连接新世纪冰雕游园会"规模空前，吸引了大批国内外游客，成为开辟满洲里市冬季旅游项目的一个良好途径
2001	创建国家优秀旅游城市工作扎实稳步推进	重点整顿旅游市场，强化旅游业管理；基本完成俄罗斯风情园一期工程；成功地举办了"中俄满洲里—赤塔冰雪艺术节"活动
2002	以边境旅游为龙头，大力发展国内旅游和国际常规旅游	以旅游市场整顿为重点，对旅行社门市部实行"一社一部、一部一证"管理体制，共查处非法旅游报名处 34 个，受理并处理旅游投诉案件 6 起；进一步加快景点、景区建设步伐，完成了俄罗斯风情园和国门景点建设项目；创建中国优秀旅游城市工作已通过自治区初审；加强旅游队伍建设，建立了导游服务管理中心；成功举办"中俄蒙三国交界地区旅游节"和"中俄满洲里—赤塔冰雪旅游节"，充分展示了满洲里"独有的异国风情和民俗风情"的口岸特色，加大了旅游促销力度，推动了旅游产业化进程
2003	推进旅游产业化快速发展进程	坚持"政府主导、行业自律、市场多元、政策扶持、科技支撑、精品开发、市场营销、依法规范"的方针，依托地缘优势，努力打造"历史文化游""草原民俗风情游""俄罗斯异国出境游""自然生态游""冰雪文化会展游"等独特旅游品牌，举办了"中俄蒙三国交界地区旅游节"和"中俄蒙三国交界地区'天瑞杯'选美大赛暨第五届国际冰雪节"等一系列活动

续表

年份	主要成就	具 体 表 现
2004	旅游基础设施进一步完善，旅游产业化进程加快	签署了《关于区域旅游资源整合与开发的框架协议》、旅游精品路线联合开发协议，组建了全区首家旅游外事综合服务大厅；西郊国际机场试飞成功，次年2月正式通航；满洲里至赤塔国际旅游列车正式开通；国门景区改造工程和达永山滑雪场投入使用；获得三星级酒店评定权；江南、北国、口岸国际大酒店等一批星级标准酒店投入运营；成功举办了"第二届中国十大演出盛事颁奖晚会""中俄蒙三国交界地区旅游节""第二届中俄蒙三国交界地区'天瑞杯'选美大赛暨第六届国际冰雪节"等一系列活动
2005	旅游业快速发展	俄罗斯套娃广场开工建设；达永山室内滑雪场、铁木真大汗行营启动运营；红色旅游展厅二期和中东铁路陈列馆改造工程投入使用，红色旅游项目被列入国家首批100个红色旅游建设项目；扎来诺尔国家级矿山公园被列入首批28个国家级矿山公园建设行列；开发了满洲里—成吉思汗拴马桩草原民俗风情游线路；开辟了满洲里至秦皇岛、广州、海南的包机旅游线路；新增6家国内旅行社；"旅游节"和"冰雪节"期间组织了"兰德之夜""九九硅业"大型文艺演出和第三届"天瑞杯"选美大赛
2006	推出多元化跨境旅游线路	启动了中俄蒙三国交界地区旅游网站，开辟了中俄蒙三国交界地区旅游发展论坛；开发包装了满洲里至赤塔不同主题、不同时限、不同消费层次的旅游产品；开通了满洲里至乌兰乌德六日游、满洲里至伊尔库茨克九日游等线路；推出了融合自然景观、红色旅游、三国风情的市内一日游线路；旅游接待设施建设得更加完善，如国际饭店新楼、口岸大酒店二期、满洲里饭店新座、外交会馆等高档宾馆饭店相继投入使用，友谊宾馆、明珠饭店、鑫鹤宾馆进行了改扩建，香格里拉大酒店、生态餐厅等正在抓紧建设

续表

年份	主要成就	具 体 表 现
2007	延伸跨境旅游线路，向内地深入	俄罗斯艺术博物馆于 2007 年 5 月正式对游客开放；成功举办了夏季旅游节，整合包装满洲里一日游，推出了满洲里—巴尔虎草原民俗一、二日游；开通了长春—满洲里—俄罗斯伊尔库茨克、满洲里—呼和浩特—三亚的航空旅游线路和满洲里—俄罗斯红石市的国际班车，积极推介和引导俄罗斯游客到海南、秦皇岛、北京、广州等地旅游；新增了青鸟、天马、欧亚等 8 家国内旅行社和 5 家三星级酒店
2008	旅游业稳步发展	制定了《满洲里市旅游业发展优惠政策规定》；加强了旅游市场检查力度，规范宾馆饭店和旅行社服务；完成了导游员 IC 卡制证和旅行社业务年检、导游员年审工作；与俄罗斯后贝加尔边疆区外联旅游局建立了区域旅游协调会议制度，定期协商解决旅游发展中存在的问题；完善了大厅服务功能，为中外出入境人员开辟了"绿色通道"，实现了国内外旅游服务一体化
2009	对外知名度和影响力进一步提升	举办了"旅游节""冰雪节暨选美大赛"等活动，被 2009 年世界旅游精英博鳌峰会评为"国际王牌旅游目的地"；边境旅游下降，国内旅游呈现"井喷"
2010	边境旅游、国内旅游稳步发展	恢复了原有的入境旅游收费标准；净化了口岸现场旅游市场秩序；加强了与周边毗邻地区旅游交流与合作，实现了互惠互利的发展局面；完善了口岸旅游外事综合服务中心、大厅服务功能，彻底实现了国内外旅游服务一体化；拓宽了旅游招商引资渠道，引入了俄罗斯企业，以旅游招商促进旅游业发展和经济繁荣

续表

年份	主要成就	具 体 表 现
2011	公路、铁路、航空三位一体国际口岸正式形成,对外影响力、对外开放水平不断提升	开通了满洲里—赤塔、满洲里—伊尔库茨克、满洲里—克拉斯诺雅尔斯克、满洲里—乌兰乌德的定期国际航线,开通了满洲里—香港的直飞包机;蝉联了"全国文明城市"荣誉称号;已初步形成出入境旅游、草原观光旅游、红色旅游、冰雪旅游、休闲度假旅游和购物旅游等旅游产品,成为中俄蒙三国风情兼具的边境旅游城市;以观光、休闲、度假为主要目的的中俄蒙游客逐年增加
2012	旅游产业规模逐步扩大,层次明显提升	旅游总人数突破 600 万人次,成为拉动满洲里市经济增长的主要产业之一;推出了满洲里—呼伦贝尔草原民俗风情游、满洲里—额尔古纳口岸森林界河游、满洲里—海拉尔—阿尔山等精品旅游线路,并开通了满洲里至上海、广州、杭州、赤塔、伊尔库茨克、乌兰乌德等多条国内外旅游航线;旅游专列和旅游包机业务的开展,活跃了旅游市场,提升了人气,缓解了满洲里市旅游旺季的交通压力

由表4-4可以看出,满洲里市旅游业经过多年的培育和打造,在旅游基础设施和接待设施建设方面取得了长足进展,中俄蒙国际旅游节、冰雪节、选美大赛等旅游品牌效应凸显,在统筹安排节庆会展时间、努力挖掘冰雪资源、均衡拉动四季旅游方面成效显著,旅游产业发展势头良好,旅游发展活力十足。

在旅游产品打造方面,以满洲里—海拉尔—阿尔山、满洲里—赤塔—乔巴山精品旅游线路和中俄蒙环线自驾游线路等为主,深入开展中俄蒙三国风情经典旅游合作项目,不断推进国际玉石文化广场、中俄蒙文化产业园、扎赉诺尔猛犸公园、达永山运动景区、木屋博览园、套娃时尚广场、马文化产业园、国际赛马场和欧亚国际文化旅游城等项目建设以及二子湖、矿山公园等景点、景区改造。其中,俄罗斯套娃广场被上海大世界吉尼斯总部评定为"世界上最大的套娃和最大的异形建筑造型群",同时也被评为国家 4A 级旅游景区。

在提高旅游服务水平方面,启用口岸签证大厅和出入境制证中心,开展边境旅游异地办照业务以拓展跨境旅游市场,发挥旅游外事服务中心、散客集散中心和行业协会作用,搭建网络信息平台,优化旅游公共服务。与此同时,深化旅游管理体制改革,按照管办分离要求市场化运营景区,建设旅游培训基地,强化标准化建设和规范化管理,切实提升景点景区讲解、餐饮酒店接待和旅游企业服务质量。

在旅游线路开发方面,满洲里市旅行社向外推出的主要旅游线路有城市风光游、红色记忆游、访古文化游、界河生态游等项目,已拥有市内旅游线路 3 条如满洲里红色之旅一日游、满洲里生态休闲二日游等,周边旅游线路 16 条如阿尔山三至六日游、呼伦贝尔大草原—海拉尔—额尔古纳—莫尔道嘎森林五日游等,出境旅游线路 11 条如满洲里—俄罗斯赤塔四日自然风光之旅、俄罗斯异域风情红石市一日游等,基本能够满足游客差异化需求。

表 4-5 统计出了 1999~2012 年满洲里市旅游业发展各项指标值,分析可得:满洲里市旅游总收入值逐年在增加,增幅在 2004 年达到最高值 58.3%,此后不断下降;旅游创汇收入虽总体稳步增长(只在 2009 年增幅有所下降),但创汇总值不高;国内游客人数增长较快,2009 年增幅达 33.3%,2010 年增幅陡降,此后趋于平稳;出入境旅游人数在 2005 年前增幅明显,2002 年增幅达 120.6%,2005 年后增长缓慢且 2009 年负增长达 35.5%。边境旅游人数中,俄方入境人数总体上远高于中方出境人数,俄方入境人数增幅平稳,只在 2009 年出现负增长;中方出境人数在 2005 年达到最高值,2009 年出现大幅下降,此后趋于稳定。

表4-5 1999～2015年满洲里市旅游业发展指标统计

年份	边境旅游人数（万人）		出入境旅游人数（万人次）		国内旅游人数（万人次）		旅游总收入（亿元）		旅游创汇（亿美元）
	中方出境	俄方入境	数量	比上年增幅（%）	数量	比上年增幅（%）	数值	比上年增幅（%）	
1999	2.0	23.0	25.0	10.5	25.99	—	—	—	—
2000	3.05	27.4	30.45	21.7	30.2	16.2	—	—	—
2001	3.1	31.0	34	12	—	—	6.1	—	0.58
2002	3.1	34.4	75	120.6	—	—	7.4	1.7	0.73
2003	2.6	41.2	87.6	16.8	—	—	9.4	1.4	0.87
2004	14.2	45.9	120.3	37.3	—	—	14.88	58.3	1.44
2005	25.3	55.4	160.3	33.3	—	—	19	27.4	1.87
2006	22.0	58.9	160.5	0.1	—	—	23.17	22.2	2.1
2007	20.3	69.5	80.5	12.5	225	17.8	27.1	16.9	2.43
2008	21.2	71.6	182.3	1.0	289.7	28.8	32	20	2.3
2009	15.5	43	118	-35.5	356	33.3	35.1	9.6	1.7

续表

年份	边境旅游人数（万人）		出入境旅游人次（万人次）		国内旅游人数（万人次）		旅游总收入（亿元）		旅游创汇（亿美元）
	中方出境	俄方入境	数量	比上年增幅（%）	数量	比上年增幅（%）	数值	比上年增幅（%）	
2010	9.9	52.3	124	3.2	427	7.4	37.1	5.9	2.4
2011	10.1	51.3	122	-1.6	458	7.3	40.2	8.3	2.4
2012	10.1	52.6	125	1.4	481	4.9	41.8	3.9	2.9
2013	—	—	—	—	—	—	44	—	—
2014	10.0	54.9	130	0.8	530.1	7.8	45.6	3.8	2.9
2015	10.5	43.1	107.5	-17.2	554	4.5	46.3	1.5	2.4

注："—"表示国民经济和社会发展统计公报中无此项记录。

资料来源：满洲里统计信息网。

表 4-6　满洲里市旅游资源开发的优势与不足

优势	旅游资源类型丰富	满洲里市旅游资源总量共有 8 个主类，21 个亚类，46 个基本类型
	旅游资源特色明显	异域风情浓郁、口岸优势突出、休闲资源优越、红色资源丰富，可供开发的旅游资源多数集中于市区以及临近边境的口岸上，容易组合开发形成产品体系并向外推出
	旅游资源开发初具规模	形成了以国门景区、套娃广场为代表的异域景观，以呼伦湖景区、蒙古大汗行营等为代表的自然人文景观，以东湖区二子湖景区为代表的生态景观等旅游资源开发利用格局。城市外围还拥有大片未开发的原生态资源，满是葱郁的草原，拥有大量野生动物
	旅游接待设施配套完善	全市已有旅行社 17 家，其中国际旅行社 11 家，国内旅行社 6 家；饭店住宿设施有了较大改观，高、中、低档相结合，能满足不同层次游客的消费需求；商业网点发展较快，形成了各具特色的商贸区；建成了一些专业性的娱乐场所，各大宾馆也建成了相应的俄罗斯表演等娱乐设施；航空、铁路、公路、市内公交运输线路遍布各地，机场、火车站、客运站已经扩建更新，拥有航空、铁路、公路三位一体的立体交通网络，且通往周边旗县的公路均为一级省道，两小时之内均可到达，构成了满洲里市真正意义上的"旅游快车道"
	旅游宣传力度不断加大	2006 年中国十佳魅力城市，与 CCTV 达成了共同开发旅游精品线路的共识

续表

不足	比例不均，单体数量少	8个主类的旅游资源在满洲里市虽然都有分布，但建筑与设施、人文活动两类的基本类型加起来所占比例约为54.35%，自然旅游资源所占比例少；且可供开发的旅游资源单体数量偏少，能够有效进入、参观的旅游资源数量不多
	龙头资源规模较小	以国门景区、中俄互市贸易区、套娃广场等景区为龙头，虽有一定知名度与美誉度，但规模体量较少、景区内涵不够丰富；仅作为旅游线路中的一点，不足以成为满洲里打造旅游目的地的载体
	旅游吸引物欠缺	受现行政策、体制因素或受军事、政治原因的影响，中俄蒙零号界碑、中俄互市贸易区等资源开发需多方协调，开发难度大；受资源本身限制，如庙会、民间集会类型的资源，由于文化影响力小难以开发、转化成为有吸引力的旅游产品
	生态脆弱，不利于规模性开发	二子湖、二卡湿地、查干湖等水域生态环境脆弱，必须在确保生态环境不受影响的前提下才能开发；呼伦湖作为区域环境的重要调节水源，更要加大保护力度，在形成自我保护机制的前提下，针对特定的客源市场，进行必要的规划与建设

当前满洲里市旅游资源的开发，应深入分析表4-6中所罗列的优势与不足，扬长避短，更要抓住国家和自治区实施"向北开放"战略的机遇和被国家确定为重点开发、开放试验区的契机，加快发展口岸经济，进一步完善旅游基础设施、加快旅游产品的更新、加大旅游市场拓展力度等，提高旅游创汇能力，促进口岸旅游业的腾飞。

二、二连浩特市

二连浩特市是随着 1956 年北京—乌兰巴托—莫斯科国际铁路联运正式开通而设立的，是 1992 年我国首批对外开放的 13 个沿边开放口岸之一。经过多年的发展，尤其是"十五"计划以来，已经形成了相对完善的国际、国内旅游产品体系，旅游产品由原来的国门界碑游、二连—扎门乌德一日游发展到现在的跨国游、边境游、蒙古民俗风情游、草原生态游、自驾车旅游、购物游、科考游等多个层次和品种，旅游产业体系逐渐形成，边境城市国际与国内旅游联动发展的特色进一步凸显。对二连浩特市旅游业发展中面临的机遇与挑战、发展优势及存在不足的简要分析见表 4-7。

表 4-7　二连浩特市旅游业发展 SWOT 分析

优势	区位优势	口岸城市，中蒙边境线上最大的陆路口岸
	交通通达性好	集二线铁路与集通、京包及包兰铁路相接；公路运输经 208 国道通往集宁、呼和浩特、北京，经蒙古国千禧公路通往乌兰巴托；二连浩特支线机场在建
	旅游资源垄断性强	恐龙化石遗址公园；国门及口岸旅游；特色城市建筑群
劣势	旅游资源总量少	具备国家标准 8 个主类中的 6 个，占 75%；31 个亚类中的 9 个，占 29%；155 个基本类型中的 10 个，占 6.4 %
	旅游季节性强	适宜时间为每年 7 月、8 月、9 月
	区域旅游形象模糊	旅游产品体系不完整，缺乏竞争力
	生态环境脆弱	市域社会经济容量小

机遇	中国旅游业处于重要的转型期；与蒙古国在旅游发展上联系越发顺畅；政府重视旅游业的发展
挑战	跨国旅游业受所依托的蒙古国综合实力的限制；国内外旅游产业竞争加剧；同类口岸的直接竞争，如满洲里

表 4-8　二连浩特市旅游资源类型

主类	亚类	基本类	主要单体
地文景观	综合自然旅游地	自然标志地	大漠瀚海
	沉积与构造	生物化石点	恐龙遗址
生物景观	草原与草地	草原	半荒漠草原
遗址遗迹	社会经济文化活动遗址、遗迹	交通遗迹	"伊林"驿站
建筑与设施	综合人文旅游地	社会与商贸活动场所	中蒙商品交易市场
		边境口岸	国门、界碑、新联检楼
		单体活动场馆	恐龙博物馆
	交通建筑	车站	亚洲最大的换轮厂/内燃机头
旅游商品	地方旅游商品	传统手工产品与工艺品	蒙、俄风情旅游商品；恐龙文化旅游商品
人文活动	民间习俗	地方风俗与民间礼仪	蒙古族风俗/蒙、俄异域风情

　　二连浩特市地理位置特殊，具有丰富的旅游资源，具体旅游资源类型见表4-8。随着 2009 年 8 月 11 日二连国家地质公园通过国家评审，二连浩特市更是确立了以恐龙化石地质遗迹保护工作为主体，将市区及周边的古生物化石和其他地质遗迹资源也纳入保护范围，同时依附园区内被誉为"中国死海"的二连盐湖和代表着"驿站历史"的伊林驿站

遗址博物馆等特有的人文、地质景观，力争建立一个集科学研究、科学普及、旅游开发和观光游览于一体的国家地质公园，使其成为二连浩特市旅游业发展的垄断性资源。

依托旅游资源开发建设的旅游景区（点）主要有二连浩特国门旅游区、二连盐池——极具开发潜力的恐龙遗迹地质公园等。所开展的旅游线路中，包括"二连—扎门乌德"一日游、"二连—乌兰巴托"多日游、"二连—乌兰巴托—莫斯科"多日游等十几条境外旅游线路，以及草原风情游、跨国游、恐龙遗址游。

在二连浩特市设立之前的发展历史中，元朝是二连浩特地区发展最为活跃的时期，这一时期形成了一条由大都经上都、哈喇合林、阿等尔泰、黑海通往欧洲的世界著名的"草原丝绸之路"，二连浩特地区则是这条路上的一个重要驿站，当时被称为木邻道玉龙栈。它将为二连浩特市旅游文化内涵的挖掘和"草原丝绸之路"旅游产品的设计注入新的活力。开展第三国公民口岸签证业务，承办中蒙俄区域旅游合作论坛，并依托伊林驿站遗址博物馆、创新合作方式、打造"茶叶之路"国际旅游品牌，将有利于加快中蒙俄沿线城市旅游业互动发展。

为保障二连浩特市旅游产业顺畅发展，应大力培育旅游产品，形成不同尺度的旅游合作网络，如以二连浩特、乌兰巴托和伊尔库茨克等为中心的跨国旅游合作网络，以二连浩特、呼和浩特、大同、北京、天津等为中心的北方旅游合作网络，以中蒙俄口岸城市为中心的边境城市区域旅游合作网络。

三、阿尔山市

阿尔山市前身是兴安盟科右前旗的一个建制镇，1992年10月经自治区人民政府批准成立阿尔山经济开发区，实行计划单列；1996 年 6 月经国务院批准设立县级市。阿尔山市的总面积 7408.7 平方公里，是中国最小的城市，市辖伊尔施镇、白狼镇、五岔沟镇、明水河镇、天池镇 5 个镇和温泉、新城、林海 3 个街道。它位于内蒙古自治区兴安盟西北部，横跨大兴安岭西南山麓，是兴安盟林区的政治、经济、文化中心；地理坐标为东经 119°28″～121° 23″，北纬 46°39″～47°39″，是全国纬度最高的城市之一；东邻呼伦贝尔市所辖扎兰屯市和兴安盟扎赉特旗，南至兴安盟科右前旗，西与蒙古国接壤，北和呼伦贝尔市新巴尔虎左旗、鄂温克自治旗毗连。

设市以来，阿尔山依托温泉、冰雪、森林、草原、火山遗迹等独特的资源优势，围绕近期建设中国内陆著名休闲度假区、远期打造国际旅游度假名城的发展目标确立了"生态立市、旅游兴市、旅游富市、旅游强市"的发展战略，着力培育旅游业这一主导产业，倾心打造"神泉雪城"品牌。在短短几年内，阿尔山市就以其旅游资源优势、旅游文化魅力、旅游发展潜力，一跃成为内蒙古自治区推出的第一条精品旅游线路的亮点，成为内蒙古自治区向世界展示其旅游资源魅力的窗口，被越来越多的旅游者所青睐，旅游业获得了迅猛发展。

从旅游资源来看，阿尔山市旅游资源类型齐全、组合度好，风光秀丽、物华天宝；拥有独具特色的自然旅游资源，如世界第二大功能性温泉群、亚洲最壮观的石塘林（火山熔岩地貌）、中国第三大天池、罕见的"自然玉雕"雪塑奇景等（严冬不冻河、酷暑不化冰）冰雪资源、草原资源、森林资源、寒温带度假区气候等；鲜明的人文旅游资源，如口岸景观、民族风情、古战场遗迹、日伪战争遗迹等；是旅游、度假、疗养的绝佳之地。阿尔山市生态旅游资源类型见表 4-9。

表 4-9　阿尔山市生态旅游资源类型

主类	亚类	基本类	资源单体
地文景观	地质地貌过程形迹	火山地貌	火山群、石林、喷气碟、熔岩台地、火山堰塞湖
		断层地貌	三角山
		河区地貌	努木尔根河
		地下水	五里泉、金江沟温泉、疗养院温泉
	生物生态旅游资源	动、植物种	桦树林、樟子松、偃松、落叶松、岳桦、越橘、杜香、岩高兰、草莓、红豆、山杏、忍冬、蓝靛果、金雕、黑嘴松鸡、黑鹳、丹顶鹤、梅花鹿、马鹿、驼鹿、驯鹿、鸳鸯、猞猁、麝、天鹅、雀鹰、盘羊等、紫貂、雪兔、水獭、黄羊、狍子、细嘴松鸡、沙鸡、榛鸡、燕子、猫头鹰、杜鹃、鹰、蝙蝠、伯劳、狐狸、香鼠、黑熊、野猪、狼
	天象气候生态旅游资源	冰雪	阿尔山滑雪场、三潭峡、飞仙岭、冻死人山
	法律保护型生态旅游资源	国家森林公园	阿尔山国家森林公园、樟松岭自然保护区
人文景观	经济产业型生态旅游资源	林业	伊尔施林场、苏河林场、兴安林场、金江沟林场、平原林场、杜拉尔林场
		药材	手掌参、赤芍、草乌、党参、桔梗
		山野菜	黄花菜、蕨菜、木耳、蘑菇、猴头
	人文、历史生态旅游资源	军事历史遗迹	日本侵华飞机场、飞机包、南兴安隧道、大和旅社旧址、阿尔山火车站与机车转盘、诺门罕战争遗址、南兴安碉堡

　　资料来源：摘自董建萍：《生态旅游制图研究——以内蒙古阿尔山为例》，内蒙古大学硕士学位论文，2008年。

截至 2010 年底，全市共新开发旅游景区（点）12 处，旅游从业人员超过 4 万人；初步形成以冰雪温泉、草原旅游、红色旅游、蒙元文化、地质奇观为主题的多样化旅游产品；旅游基础设施及交通运输建设初见成效。阿尔山已具备了一定规模的旅游接待能力，共有中、高档宾馆 63 家，其他小旅店 50 多家，接待床位数共计 8334 张；正逐步通过政策和规划，调整住宿结构，将高、中、低档设施比例合理化。《阿尔山国际冬季度假地发展专项规划》中提出，政府扶持五星级度假酒店建设，鼓励当地居民开办独具特色的家庭旅馆并利用国际青年旅舍营销平台，来吸引国际旅游者积极加盟或引进经济型连锁酒店。

阿尔山市旅游业发展速度较快，2008～2015 年，旅游接待人数增加了 5.5 倍、旅游综合收入增加了 9 倍，旅游业占国民经济生产总值的比重大，具体数据详见表 4-10。与此同时，阿尔山市旅游业的发展也存在着旅游产品开发缺乏统一规划、旅游产品单一、旅游景点间距离较远、旅游投入不足、旅游配套设施欠佳、旅游季节性明显等不足，亟待进一步完善。

表 4-10　2008～2015 年阿尔山市旅游业发展指标统计

年份	接待游客人数（万人次）		旅游综合收入（亿元）		GDP（亿元）	旅游总收入占 GDP 比例（%）
	数量	比上年增幅（%）	数值	比上年增幅（%）		
2008	45.5	29	3.65	51	62645	58
2009	72.94	60.3	6.99	91.5	75178	93
2010	70.2	-3.8	7.02	0.4	90330	78
2011	84	19.7	9.7	38.2	106039	91

续表

| 年份 | 接待游客人数（万人次） | | 旅游综合收入（亿元） | | GDP（亿元） | 旅游总收入占GDP比例（%） |
	数量	比上年增幅（%）	数值	比上年增幅（%）		
2012	110.35	31.4	12.99	33.9	127315	102
2015	252.2	27.8	32.99	26.9	168104	196

注：2013年、2014年数据缺失。

资料来源：阿尔山市统计公报。

在今后的旅游产品开发中，阿尔山市可以充分利用口岸的优势资源，建设有地方特色的口岸景观，通过与蒙古国的区域合作，进行多种形式的旅游活动。如利用阿尔山地区的大黑山与蒙古国毗邻、主要河流哈拉哈河与蒙古国境内的贝加尔湖交接的优势，在哈拉哈河段中进行名为"漂出国界"的漂流运动等，从而促进双方的经济发展。

四、额济纳旗

策克口岸位于内蒙古自治区阿拉善盟额济纳旗境内，与蒙古国南戈壁省西伯库伦口岸对应，既是阿拉善盟对外开放的唯一国际通道，也是陕、甘、宁、青四省区和内蒙古自治区共有的陆路口岸。2009年，策克口岸正式实现中蒙双边性常年通关，成为内蒙古自治区第三大口岸。2012年5月，内蒙古自治区人民政府批准成立区级策克口岸经济开发区。

国家"十二五"发展规划提出将内蒙古自治区建设成为向北开放的桥头堡，支持重点口岸建设。同时，新一轮西部大开发已经启动，为策克口岸在建设与吸引投资、扩大贸易和加快发展方面提供难得的机遇。在额济纳旗委政府和口岸办的领导协调下，策克口岸运行态势良好，基础设施建设和管理得到有效改善，产业贸易大踏步前进，目前已成为连接我国西北地区及国内外的重要交通枢纽、商贸中心、货物集散地和能源矿产资源大通道。

当前策克口岸旅游开发较为薄弱，主要由当地旅游局接待；但基于其横贯中蒙，对内连通陕、甘、宁、青、蒙五地的地缘优势及边贸经济的快速发展，势必会发展成为内蒙古自治区西部对蒙贸易的中心，也将成为国内陕、甘、宁、青四省区和内蒙古自治区西部进入俄蒙旅游的集散中心。在培育策克边境口岸旅游地的初期，有赖于整合其所在地额济纳旗的胡杨林等优势旅游资源，提高知名度；并逐步整合阿拉善盟旅游资源，形成区域旅游合力，共同发展。

策克口岸所在地额济纳旗，位于内蒙古自治区的最西端，旅游资源的开发也较晚；但是凭借其周边的酒泉、嘉峪关、敦煌等河西走廊地区经济增长的良好平台，拓展和共享旅游市场，旅游业人数和旅游综合收入已经有了显著的增长，如表4-11所示。

表4-11 2010~2015年额济纳旗旅游业发展指标统计

年份	接待游客人数（万人次）		旅游综合收入（亿元）		GDP（亿元）	旅游总收入占GDP比例（%）
	数量	比上年增幅（%）	数值	比上年增幅（%）		
2010	33.78	127	2.52	170	31.54	12.52
2011	55	28	4.8	42	39.90	12.28
2012	66	20	5.7	18.75	45.32	12.58
2015	110.64	20	14.62	25	41.1	35.57

注：2013年、2014年数据缺失。

资料来源：额济纳旗统计公报。

额济纳旗旅游资源开发潜力巨大。在人文资源方面，由于地处北部丝绸之路和龙城古道的会合点，自汉朝开始，历代政府大规模修筑军事设施、屯田戍边，形成了独具特色的古代屯居遗址；同时，拥有黑城、大同城、绿城等极具历史价值的聚落遗址，红城、肩水金关、甲渠塞（破城子）等典型的战争防御体系遗址，我国航天实验和发射基地——东风航天城，久负盛名的五塔、塔王府，别具一格的土尔扈特蒙古族风情。在自然资源方面，典型的代表有胡杨林、怪树林、神树、东居延海、巴丹吉林沙漠等。

综上所述，在旅游开发中，要进一步增强旅游交通可进入性；树立品牌旅游产品，扩大市场影响力；更新旅游产品，尽量延长旅游季节；培养和引进旅游专业人才，壮大旅游队伍。

第五章

内蒙古自治区跨国旅游合作模式的建立

当今，作为两国跨境合作和两国友谊的催化剂，边境旅游的发展不仅对边境地区社会、经济的发展有重要意义，而且对一个国家旅游业、对外开放、国际经济贸易合作也发挥着重要的作用。边境旅游是我国旅游发展的热点和敏感区域，分析和借鉴国外发展经验有助于促进边境旅游的健康、快速发展。边境跨国旅游合作应在开发、共享旅游资源的基础上，有机整合产业链，实现合作区域内部的无障碍旅游和无缝隙旅游，政府之间、企业之间和民间团体之间等多方渠道合作，即旅游资源开发、旅游市场共享、旅游环境改善、旅游设施投资、包价旅游线路联营、旅游产品的联合营销、旅游商品的共同开发和旅游区域的统一管理等。

内蒙古自治区跨国旅游合作模式的确立，需要紧密结合国家当前宏观发展战略、内蒙古自治区"8337"发展思路和内蒙古自治区当前跨国旅游合作的现实基础，并借鉴国内外跨国旅游合作典型案例的成功经验。

第一节　国内外跨国旅游合作案例分析

在国际跨国旅游合作案例中，欧洲旅游合作模式、东南亚旅游合作模式和澜沧江—湄公河次区域旅游合作模式等较为典型；在国外区域旅游合作案例中，美国的大洛杉矶地区的旅游产业集群模式、日本关西地区无障碍旅游交通模式等值得借鉴；国内区域旅游合作中，泛珠三角地区的区域旅游分工协作模式、环渤海地区的跨省市旅游合作规划模式、长江三角洲无障碍旅游区网络化发展模式等较为成熟，新疆、云南等省份边境口岸跨国旅游合作模式日益成型。这些都为本书的研究提供了不同层面的指导。

在选取国内外跨国旅游合作典型案例时，主要基于本书的研究重点和切实需要解决的问题，即如何建立跨国旅游合作机制、如何有效开发跨国旅游资源、如何处理三国毗邻交界地区跨国旅游合作问题等，选取了"欧盟旅游一体化模式""跨境旅游资源开发模式""核心—延伸区跨国旅游合作"案例进行重点剖析。

一、欧盟旅游一体化模式

国际区域旅游合作始于欧洲，欧洲申根签证是欧洲国家国际旅游合作的最初尝试。欧洲有 26 个国家，陆地边境 7721 公里，1.85 亿人生活在边境地区，占总人口的 37%。边境地区的合作和发展在欧洲区域发展过程中具有举足轻重的地位。在共同的原则和目标下，欧盟通过边境开放、知识共享、资源整合、联合项目规划和管理等方式，加强相互信任和理解，充分利用各国未开发的潜力，在整个欧盟地区实现了广泛深入的跨境合作。欧盟成员国的跨境合作极大地促进了边境旅游业的发展：一方面，由于《申根协定》规定居民能够自由跨越欧盟边境地区，整个欧盟地区已经形成一个国际旅游目的地；另一方面，在边境地区设置了各类旅游管理部门（如国际、区域和地方旅游局），突出旅游业的重要地位。

表 5-1　欧盟旅游业跨国合作发展历程

阶段划分	时　间	特　点
第一阶段	"二战"后到 20 世纪 80 年代	旅游业仅被看作成员国的内部事务，与欧盟总体的发展没有直接关系
第二阶段	20 世纪 80 年代中期到 90 年代末	旅游业合作的起步时期，许多欧盟国家都将旅游业作为"无害产业"加以发展，旅游业发展带来的负面影响很小
第三阶段	21 世纪至今	旅游业合作处于加速和趋向成熟的时期，致力于加快建设旅游业合作网络，促进旅游业的可持续发展

　　由表 5-1 欧盟旅游业跨国合作发展历程可以看出，它是伴随着欧洲一体化进程发展起来的。欧盟一体化促成了旅游业的跨国合作，旅游业的合作反过来推动了一体化的进程。欧盟旅游业跨国合作是在欧盟各成员国政府、企业、社会团体的共同推动下实现的，合作的内容涉及政策法律、协调机制、市场、信息、教育培训等，旅游业的跨国合作为欧盟

带来了政治、经济、社会等多重效应。目前，欧盟旅游业跨国合作主要
是在各成员国的基础上进行欧盟旅游合作和协调，采取纵向的垂直模
式；而各成员国之间的双边或多边合作、各旅游目的地之间的横向联系
显得不够，尤其是作为市场经济主体的旅游企业，仍处于旅游合作边缘
地带，一般限于对欧盟相关文件的被动应对，未能积极主动地加强跨国
合作。此外，各自然人（指家庭和普通民众）的合作目前还未起步。
欧盟旅游一体化模式的核心内容见表5-2。

表 5-2 欧盟旅游一体化模式

涉及层面	主要内容	具 体 体 现
合作动力	超国家层面的合作仍然是主要动力之一	欧盟层面的合作主要是旅游相关政策、制度的合作，出台统一的具有约束力的行业经营管理规范，制定统一的旅游规划，促进欧盟旅游业可持续发展；没有专门的欧盟旅游政策，但欧盟委员会工作计划中已经有 169 个立法或规章对旅游业直接产生影响；2001 年 11 月 13 日，欧盟委员会出台了《共创旅游业未来的报告》，它是欧盟委员会发布的第一份有关未来欧盟旅游业合作的规划
	各国之间的企业和行业协作，是区域旅游合作的必要基础	旅游企业合作分为横向合作和纵向合作两种；欧盟旅游业跨国合作中，四大运营 TUI（国际旅游联盟集团）MyTravel、ThomasCook、FirstChoice 的经营范围包括游客的吃、住、行、游、购、娱等各个环节，具有超强的实力和市场竞争力，主要加强旅游集团化经营。对于占欧盟旅游业企业总数99%的中小型旅游企业，由于自身经济条件的限制（94.2%企业的雇员在 10 个以下），合作多体现在本国行业价值链上的纵向联合，通过参股、委托经营、租赁等形式实现相互间的合作，共同经营旅游市场
	旅游业界	主要体现在旅游行会上

续表

涉及层面	主要内容	具 体 体 现
合作动力	欧盟成员国双边旅游合作,是对欧盟多边合作的补充	各国在制定相关旅游业政策时,遵循欧盟有关旅游业的规定,根据各自的利益和实际情况,有倾向性地向区域旅游合作倾斜;各成员国政府首脑和旅游主管部门的官员进行会议及互访是区域旅游协调的一种重要形式
	欧盟旅游法律合作属于共同体法	据欧盟委员会统计,涉及旅游业的立法共有 Regulations、Directive、Decision、Recommendation 四类;欧盟通过的涉及旅游业的规则共有 20 个、指令共有 32 个、决定共有 15 个,通过的涉及旅游合作的建议共有 5 个
	欧盟旅游业的协调机制方面,欧洲委员会和理事会是欧盟旅游合作的主导机构	欧盟的区域经济机构具有很大的职权,它针对旅游业提出的有关政策和方针以及计划都能得到有效的施行;同时,有效地利用业已存在的旅游业投资机制,建立旅游评估机制,建立欧盟委员会层面上的旅游主管机构来协调各方面的利益,制定更有效的地区政策来确保旅游业的合理发展;欧盟理事会部长会议的旅游部长也定期开会,商讨旅游业发展的相关问题;欧盟还成立了旅游一体化的专设机构——旅游咨询委员会,它代表各成员国利益,促使区域内国家之间更为密切的协调合作
市场层面	欧盟统一大市场的建立起初比较缓慢	欧盟委员会 1991 年 4 月发布了旨在促进旅游业发展的"共同行动纲领",1993 年在内部大市场运转后,欧盟委员会专门就未来欧洲旅游市场走向和政策协调举行过多次会议,一定程度上加速了欧盟旅游市场的建立;实现欧盟旅游统一市场的运转,需要加强人员的自由流动、资本的自由流动、旅游产品的自由流通

自 20 世纪 80 年代中期以来,欧盟就致力于区域旅游一体化建设。在制度和机制上,欧盟通过欧洲议会、欧洲委员会、理事会之类的机构来协调和处理区域制度联合、机制建设等问题;设置了每年一次的欧洲旅游论坛,能够将欧洲作为一个整体向国际社会推销;统一制定的区域

旅游政策可以在较高层次上促进欧洲旅游业的整体发展。在资金方面，欧盟有"欧洲社会基金""欧洲农业保障和指导基金""欧洲区域发展基金""凝聚基金""机构基金"等各种各样的基金和项目，为旅游业提供了大量的资金支持，仅"机构基金"从 2000 年到 2006 年在纯旅游项目中的投资就超过 70 亿欧元。在产业方面，欧盟通过整合中小企业，充分发挥其运作灵活的优势，使其成为旅游市场运作的主导力量。欧盟旅游业跨国合作是世界旅游业区域合作成功的范例，其合作机制的建立、市场共同开拓等方面，都值得中国内蒙古自治区在与俄蒙边境地区跨国旅游合作的实施中借鉴。

表 5-3 欧盟旅游一体化的特点

主要特征	具 体 表 现
宽松的边境政策，为旅游者提供了切实的便利	随着欧洲一体化的深入发展，欧盟逐步建立和完善了一系列共同政策，其中主要有关税同盟、共同农业政策、共同渔业政策、共同地区政策、共同社会政策、共同货币政策、共同外交和安全政策、保护消费者政策以及共同外贸政策等，体现了欧盟一体化进程中在经济领域、政治领域以及安全和防务领域已经实现联合的欧洲格局
在市场开发方面，破除种种障碍，达到一体化发展	中国国家旅游局与欧盟于 2004 年 2 月 12 日在北京签订了《关于中国旅游团队赴欧洲共同体旅游签证及相关事宜的谅解备忘录》。按照文件，中国被授予 12 个"申根协定"成员国的旅游目的国资格（Approved Destination Status，ADS），中国旅游者可以通过指定旅行社申请 ADS 旅游签证，并凭此签证可以在有效期内自由在奥地利、比利时、芬兰、法国、德国、希腊、荷兰、意大利、卢森堡、葡萄牙、西班牙及瑞典 12 个"申根协定"成员国旅游。这是典型的欧盟共同开发旅游市场的例子

主要特征	具 体 表 现
破除地方保护主义、行业壁垒等各种障碍，实现成员国利益最大化	欧洲理事会、欧盟委员会等机构承担整个欧盟发展政策的制定及决策职能，同时保留各个成员国家自我管理的职能，并通过各种政策表决机制等来协调欧盟整体利益与成员国国家利益的关系，这种机构、机制的有效设置促使成员国能够在多领域、多层次展开自由合作，以实现利益最大化
在产品开发方面，不再是单纯的国家行为	曾经将欧洲一分为二长达 40 年的"铁幕"沿线开发，被称为游客缅怀历史的"传统之路"，约有 4250 英里：从北极海沿芬俄边界穿过波罗的海诸国和波兰到德国，环绕奥地利与捷克、斯洛伐克和匈牙利的边界，然后沿多瑙河进入黑海。"铁幕"沿线的瞭望塔、雷区、铁丝网和武装守卫设施将使游客体验到 40 年前的欧洲。"传统之路"旅游线路的开发，得到了 12 个国家的支持，并同意联合出资建设，不断扩大影响范围和支持面
欧洲的旅游交通一体化发展迅速，成员国之间减少了关卡限制，实现了整个欧盟范围内交通的无限制	欧洲议会于 2005 年 11 月 16 日高票通过一项旨在加强欧盟民用航空安全的法规，被列入全球不安全航空公司"黑名单"的航空公司将被禁止在欧盟境内运营或穿越欧盟领空。欧洲 27 个国家的交通部长在意大利南部城市那不勒斯聚会，呼吁欧盟尽快加强大型交通项目的建设，以保证在欧盟扩大的进程中进一步提高整个地区的竞争力。由于欧洲的国家大部分很小，欧洲的 Intelligent Traspor System（ITS）研究开发由官方（主要是欧盟）与民间并行进行，其 ITS 开发与应用是与欧盟的交通运输一体化建设进程紧密联系在一起的

二、跨境旅游资源开发模式

案例一：莱茵河发源于阿尔卑斯山，全长 1320 公里，流经法国、德国及荷兰、卢森堡，沿岸有著名的城堡、优美的自然景观、发达的工业区、现代化的公共建筑等。欧洲莱茵河流域的跨国旅游开发模式是建立跨国的全流域综合管理机构，从污染整治、生态保护入手，继而对莱茵河全流域范围内的环境保护、文物保护、旅游开发、签证制度等各方面进行统一筹划，制订具体、完善且具有法律效应的行动计划日程，全面开发莱茵河流域。随着欧盟一体化进程的加速，特别是1985年6月《申根协定》签订后，全流域旅游手续简化，甚至取消了在欧洲各缔约国之间旅行的出入境手续。该流域旅游开发模式的主要特点是：跨国性机构的统一管理，制定具有法律效力的国际条约性制度；多国联合开发，统筹开发方向、开放日程与功能指向；消除旅游者跨国流动障碍；注重环境保护、文化保护、特色开发和可持续发展等。

案例二：美国、加拿大两国对于尼亚加拉瀑布这个著名的旅游地，遵循"资源共享、共同开发和联合营销"的理念，采用水、陆、空全方位立体旅游产品开发模式，为边境地区共享旅游资源的跨国旅游合作开发提供了蓝本。尼亚加拉瀑布的全方位立体开发，让大瀑布的不同视角均呈现于游客面前，令游客对大瀑布景观有全面的认识，并有不同角度的享受；观瀑的地点、方式多样化，延长了游客停留时间；且在每个观瀑塔上均设旋转餐厅，为游客提供方便的同时，也产生消费诱惑；增加瀑布夜景呈现效果，多元化宣传，吸引游客就地留宿，增加旅游收入；美、加两国精心策划开发了多种游览工具和游览线路，增加了体验性，拓展了瀑布观赏视角，为游览工具所属企业带来了丰厚的收益；迎合游客猎奇、求美、求知的心理，通过地质博物馆、剧场欣赏影片等不同方式，给予游客景区相关的自然、历史、人文知识。

三、核心—延伸区跨国旅游合作模式

图们江区域合作是东北亚地区最具发展潜力的区域合作，直接影响着东北亚地区合作的发展进程。从 1991 年联合国开发计划署（UNDP）在纽约总部向全世界宣布重点支持图们江下游地区开发项目开始，图们江区域经过了 20 多年的发展，已取得了一定的成果；但发展速度缓慢，发展水平还处于初级阶段。

表 5-4　图们江区域跨国旅游合作实施的影响因素

有利条件	地理优势	中国、俄罗斯、朝鲜三国依江而隔，交通便利、边境贸易繁荣，为双边经贸和文化的交流提供了有力的先天条件。区域内符拉迪沃斯托克是一座天然的不冻港，景色优美、海产丰富；珲春市具有沿边、通海的独特地理位置，是我国通往俄罗斯、朝鲜的海上通道；罗先特别市隔着图们江同中国、俄罗斯相望
	旅游资源互补性	在自然旅游资源方面，中国图们江地区拥有很多风景区；俄罗斯、朝鲜图们江地区则拥有一些风景秀丽的海滨城市
		在人文旅游资源方面，图们江多文化的旅游区对各国游客具有很强的吸引力，不仅能让游客欣赏到景色各异的自然风光、边境风貌和历史文化古迹，还能领略到朝鲜族、俄罗斯民族的民风民俗，让游客品尝到一眼望三国的独特视觉盛宴
	政策优势	图们江地域开发计划推动图们江区域合作的全面开展；2009 年 8 月 30 日，中国国务院正式批复《中国图们江区域合作开发规划纲要——以长吉图为开发开放先导区》，明确把图们江区域合作开发确定为"国家战略"
	中朝、中俄国际关系发展态势良好	2009 年 10 月，两国总理共同签署了《关于中国旅游团队赴朝鲜民主主义人民共和国旅游实施方案的谅解备忘录》，并于 2010 年 4 月 12 日正式启动首发团，中朝两国旅游交流与合作的进程进一步加快，合作领域逐步扩大。2008 年中俄两国签署《〈中华人民共和国政府与俄罗斯联邦政府旅游合作协定〉的合作计划》，为中俄边境游带来了新的发展机遇。2010 年 7 月俄罗斯执行新政策，将入境携带商品提到每人 50 千克，每月入境不限次数，极大地提高了游客入境俄罗斯的积极性

续表

有利条件	边境游发展基础好	中俄边境游从 1988 年开始已经历经 20 年，两国的边境游发展已经进入到全面发展的新阶段。无论是行业规范、从业人员素质，还是配套设施建设、旅游产品开发等方面都达到了一定的水平。中朝边境旅游发展一直比较稳定，且合作的形式也在增多，并存在巨大的发展空间
制约因素	图们江区域政局不稳定，威胁旅游安全	图们江区域各国在社会制度、意识形态、民族、宗教信仰等方面存在很大的差异。对朝边境游时有发生关闭边境或中断旅游的现象，这都严重影响了对朝边境游的发展；俄罗斯国内也存在一些具有反华意识的极端分子，甚至对华人实施暴力行为，从而阻碍中俄边境游正常发展
	区域经济发展水平不高	图们江区域内所涉及的中、俄、朝境内的区域都是远离各国政治经济中心的城市，其经济发展水平在各国国内也都不是很高。基础设施、开发程度、人们思想的开放度都比较低；市场化程度低、市场机制不健全，资源要素在区域内不能完全地自由流动，资源的优化配置很难实现，直接影响区域旅游合作
	边境口岸出入境手续烦琐，通关时间过长	朝鲜和俄罗斯边境口岸出入境手续烦琐，验放速度太慢；口岸不通畅的问题没有根本解决，口岸通道规模小，查验手续繁杂，工作效率不高，严重影响对俄边境旅游
	同周边省份的竞争激烈	中俄边境游方面，吉林省的发展规模远不如黑龙江省，黑龙江省有多个对俄口岸可办理赴俄边境游；中朝边境游方面，我国绝大部分游客选择从辽宁省的丹东市各口岸出境赴朝旅游或从沈阳乘飞机到达朝鲜平壤。相比之下，吉林省边境游发展形势相当严峻
	缺乏专门的协调机制	在 1995 年 12 月，中、朝、俄三国签订了正式协议，组成图们江地区开发协调委员会，促进包括开展旅游、交通和旅店经营者的跨国界合作在内的图们江经济开发区的发展，在操作运行过程中发挥的作用不明显，更缺乏协调区域内旅游合作具体事宜的协调机构

续表

制约因素	缺乏有效的宣传和整体的旅游规划	图们江区域各国各自宣传本国的旅游资源及旅游产品，宣传内容极其有限，且力度不够；没有进行联合促销，也没有统一的旅游产品来参加国际旅游博览会，除了周边国家之外，在远程市场上几乎没有吸引力。各成员国旅游业开发也没有形成一套科学、合理的开发体系和发展规划，导致丰富的旅游资源得不到合理、有效的开发，造成资源浪费；加之各地区政府的重视程度和宣传力度不够，致使图们江区域边境游没有形成规模，国际知名度不高

资料来源：曹爽：《图们江区域跨国旅游合作模式研究》，延边大学硕士学位论文，2010年。

结合图们江地区相关国家、地区的实际情况，董琦于2013年提出了图们江开发边境旅游合作区的构架和模式——在核心地区（朝鲜豆满江市、俄罗斯哈桑地区、中国珲春市）集中三国高标准的旅游基础设施建设，大力开发具有三国特色的民俗活动，根据不同季节游客人数的多少组织"国际旅游节"等主题活动，率先开辟中朝俄之间的旅游、商务黄金通道；进而从核心地区向外延伸（包括朝鲜罗先市、俄罗斯海参崴市以及中国珲春市），形成一个三角形的国际旅游合作区，广泛应用各项优惠政策，最终将图们江流域边境旅游合作区打造成亚洲地区，乃至世界范围内著名的国际旅游合作区，为国家与地区间的区域合作提供典范。

综观国内外数个区域旅游合作发展模式可以发现，国内外区域旅游合作发展模式除了受所在地区的政治、经济和社会发展所处阶段的影响外，还与所在区域的地理环境、交通方式、旅游产业发展状况密切相关。

第二节　内蒙古自治区与蒙俄跨国旅游合作历程

1991 年 9 月 18 日，国家旅游局批复同意内蒙古自治区二连浩特市与蒙古扎门乌德市开展对等交换一日游活动（以下简称中蒙边境一日游）。

1992 年 4 月 8 日，内蒙古自治区外事办公室、旅游局、公安厅联合发布了《中蒙多日游暂行管理办法》和《中俄边境旅游暂行管理办法》，分别指出中蒙、中俄边境旅游属于不动汇旅游，双方采取对等交换团队、提供对等服务的方式。《中蒙多日游暂行管理办法》共规定了四条三至七日中蒙旅游的路线，同年组织开展了二连浩特口岸到蒙古首都乌兰巴托的五日游，以及内蒙古自治区首府呼和浩特经二连浩特到乌兰巴托的七日游。与此同时，满洲里与俄罗斯赤塔之间的对等交换旅游团也开始运作，并逐渐扩大到海拉尔、拉布达林与赤塔的三日游。自此，内蒙古自治区不仅开展了与边境国家的互市贸易，而且边境旅游也迅速发展，蒙古国和俄罗斯成为内蒙古自治区第一大海外旅游市场。

1992 年 12 月 2 日，国务院批准的国家旅游局《关于扩大边境旅游，促进边疆繁荣的意见》，同意内蒙古自治区与蒙古开展二连浩特—赛音山达三日游，二连浩特—乌兰巴托五日游，呼和浩特—乌兰巴托四日游（空路）、七日游（陆路）；与俄罗斯开展海拉尔—赤塔三日游，满洲里—乌兰乌德三日游，拉布大林—赤塔三日游 6 项边境旅游业务。

1998 年 6 月 3 日发布并实施《中俄边境旅游暂行管理实施细则》。

2002 年中俄达成共识，签订了《中俄互免团体旅游签证协定》，国内 19 个省区均可以办理俄罗斯团体免签，这进一步推动了中俄边境旅游的发展。

2003年9月，中国内蒙古自治区和俄罗斯联邦赤塔州旅游协调会议机制建立，双方议定每年轮流在各方召开一次会议。会议的主要任务是交流双方边境地区旅游进展情况，协调解决边境旅游存在的问题，共同研究推动双边旅游发展事宜。

2004年11月，旅游协调联席会议在呼和浩特市举行，在充分沟通的基础上，双方就如何更好地利用满洲里至赤塔国际列车开通、满洲里机场即将开航、口岸24小时开关的良好条件，继续办好中俄蒙三国交界地区旅游节、冰雪节、选美大赛；优化双方口岸环境，提高通关效率、开展"口岸形象年"活动；加强双方旅游者出入境管理；做好双方地区间旅游目的地形象宣传促销，延伸旅游线路；合作开发俄方旅游资源和旅游设施；开展旅游包机业务；扩大旅游业务、推动双方边境旅游健康快速发展等方面的合作达成了共识，并签署了会议《纪要》。

2005年5月，中蒙两国政府签署了《关于中国旅游团队赴蒙古国旅游实施方案的谅解备忘录》。同年6月，中国政府宣布将俄罗斯列入中国公民团体出境游的开放国名单，俄罗斯成为中国公民出境旅游的目的地，国内游客赴俄旅游更加方便，从全国主要航空口岸城市直接出入境的游客大量增加，从边境口岸出入境的游客有所减少，对边境地区特别是口岸城市的旅游业产生了不容忽视的影响。国家旅游局与俄罗斯签署的《谅解备忘录》，决定自2005年8月25日起，开展我国公民赴俄罗斯旅游业务。自9月20日起，我国旅游团队赴俄罗斯旅游可通过中俄互免团体旅游签证渠道进行。按照这一政策，免签证团队游客5人起成行，旅行社只需填妥一式五联的"中国公民赴俄罗斯旅游团队名单表"并由相关部门盖章，一至四联分别由中方边防检查站和俄方边防检查站出入境验收，另一联由中方旅游行政部门留存即可。俄罗斯成为目前第一个全境对中国游客团免签证的国家，这也意味着中、俄边境旅游的发展进入了一个新的阶段。

2006年3月，蒙古国正式成为中国公民自费旅游的目的地，标志着中蒙两国在旅游领域的合作进入了一个崭新的发展阶段。中国国家旅游局批复中蒙边境旅游，新增二连浩特市至哈喇哈林（今蒙古国乌兰巴托西）六日游和二连浩特市至色楞格省七日游两条线路。同年，中国成功举办了"俄罗斯年"，促进了国民对这个最大邻国的全面了解。

2007年在俄罗斯举办的"中国年"，也让更多的俄罗斯人了解了中国。中俄两国之间的文化交流，不仅加深了两国人民的情谊，更刺激了两国国民的旅游愿望。

2008年中俄两国签署《中华人民共和国国家旅游局与俄罗斯联邦旅游署关于落实〈中华人民共和国政府与俄罗斯联邦政府旅游合作协定〉的合作计划（2008～2010年）》，为中俄边境游带来了新的发展机遇。

2009年5月5日，中方又开通了新疆地区首条中蒙边境旅游线路。中蒙边境旅游协调会议和中蒙边境旅游合作不断取得新进展，有力地促进了双方边境地区社会、经济的发展。随着中蒙边境"扎门乌德经济自由区"的建立，中蒙旅游合作必将更进一步。

2010年7月1日俄罗斯执行新政策，将入境携带商品由每人35公斤提高到每人50公斤，由每月入境一次改为不限次数，极大地提高了游客入境俄罗斯的积极性，入境人员数量增加，带动了旅游收入的增长。

2011年5月，中·俄·蒙区域旅游协作恳谈会在内蒙古自治区阿尔山市召开，会议协商解决了三方在旅游协作领域中存在的问题和困难，为各方旅游的发展提供了便利化服务，进一步促进了中国东北与俄、蒙毗邻地区的国际区域旅游合作。

2013 年 6 月 19 日，中国内蒙古自治区旅游局与蒙古国文化体育旅游部旅游政策协调局边境旅游协调第九次会议在蒙古国乌兰巴托市召开。双方就改善旅游发展环境，加强景点建设和安全保障、加大宣传促销力度、提高旅游服务质量等取得一致意见；针对延伸赴蒙第三国客人前来中国内蒙古自治区旅游的旅游线路、继续打造中蒙俄"茶叶之路"提出建设性意见，特别就着手建立中国内蒙古自治区旅游局、蒙古国文化体育旅游部旅游政策协调局、俄罗斯布里亚特共和国旅游部边境旅游协调会议（以下简称中蒙俄三国边境旅游协调会议）机制，以及共同开发"草原之星"旅游专列进行官方沟通签署会议纪要，将为"把我区建成我国向北开放的重要桥头堡"从旅游战线向前推进一步。

2013 年 7 月 1 日，满洲里设立的中俄边境旅游异地办照制证中心正式投入使用，极大地方便了中国公民边境旅游。

2013 年 8 月 16 日，自治区旅游局积极贯彻落实"8337 发展思路"，大力推进中俄、中蒙旅游合作，在赤塔市召开中俄边境旅游协调会议，就积极推广海拉尔机场落地签证、汽车自驾游、开展室韦—涅尔琴斯克札沃德区一日游、做好双方游客的人身财产安全及接待服务工作等问题，进行了深入交流和深度磋商，并达成共识。

2013 年 12 月，国家旅游局正式同意开通东乌旗至蒙古国 3 条边境旅游线路，即东乌旗至蒙古国苏赫巴托省额尔顿查干县一日游、东乌旗至蒙古国苏赫巴托省达里冈嘎县三日游、东乌旗至蒙古国苏赫巴托省西乌尔特县五日游，出入境口岸为珠恩嘎达布其口岸。

2013 年 12 月 19 日，"助推革命老区阿尔山发展建设'国家生态旅游示范区'专家推进会"在北京举办，宣布了《国家旅游局关于同意开通阿尔山市至蒙古国 3 条边境旅游线路的复函》（旅函〔2013〕581号）文件。2014 年，阿尔山口岸按照协定正式开放，开通了阿尔山市至蒙古国东方省哈拉哈高勒县两日游、阿尔山市至蒙古国肯特省温都尔汗市五日游等线路。12月25日，阿尔山市开启了阿尔山国际冰雪节，以"激情银冬 沸腾冰雪"为主题，举办了冰光雪摄影大赛、探秘冰雪火山、"大美阿尔山"原创作品微博大赛等系列活动，持续宣传阿尔山冬季旅游资源和产品，促进该市冬季旅游的发展。

2014年，中国与俄罗斯互办"中俄青年友好交流年"；开通了内蒙古自治区赴蒙古国旅游的"草原之星"铁路专列。

2015年，中蒙最大陆路口岸二连浩特首次迎来由蒙古国乌兰巴托出发，从二连浩特口岸入境，终点为鄂尔多斯的"茶叶之路"蒙古国自驾游团队，打破了多年来中国赴蒙古国自驾游的单向格局；首届中蒙俄博览会上，签订了9项中蒙旅游合作项目、1项中俄旅游合作项目。

2016年，由中俄两国媒体记者及中国各大旅行团代表组成"茶叶之路"资讯旅行团，出访了布里亚特共和国、赤塔、伊尔库茨克、克拉斯诺雅尔斯克、新西伯利亚及叶卡捷琳堡等地，探寻"茶叶之路旅游线路"深层次开发。蒙古国文体旅游部代表团访问了内蒙古自治区，就进一步加强中蒙旅游合作等问题深入交换意见。

此外，融合三国风土人情的"中·俄·蒙国际旅游节"，迄今为止已举办了十二届，经过十多年的培育和提升，已经成为中俄蒙毗邻地区的重大旅游文化盛典，成为推动三国互利协作、共同繁荣的重要平台，既是中国东北与俄、蒙毗邻地区旅游交流合作的重要纽带，也是边境旅游向内地推进的重要举措。

第三节　内蒙古自治区跨国旅游合作模式的建立

内蒙古自治区东西狭长、区域跨度大，与俄、蒙毗邻地区具有地理空间范围较广的特点，通过交通轴线得以连通，但在合作区内难以形成封闭的旅游环线，联合开发比较困难，且 19 个对外开放口岸跨国旅游合作基础存在显著差异。内蒙古自治区跨国旅游合作应以边境旅游为基础，以边境口岸为节点，以边境口岸所在盟市首府或旅游中心城市为核心建立"边境口岸旅游地"，进而辐射周边盟市及省份建立"边境口岸跨国旅游合作区"，分层次开展跨国旅游合作，其演进趋势见图 5-1。

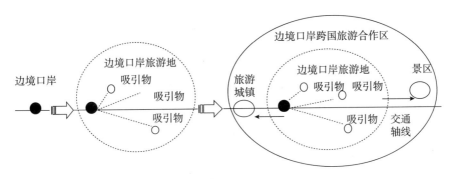

图 5-1 内蒙古自治区边境口岸跨国旅游合作演进趋势

内蒙古自治区跨国旅游合作是涉及多个方面、涵盖多个内容的综合性合作。结合前面章节对目前内蒙古自治区实施跨国旅游合作相关条件的分析及具体实施跨国旅游合作范围的确定，在认真梳理和借鉴国内外典型跨国旅游合作模式优点的基础上，综合考虑内蒙古自治区与俄蒙跨国旅游合作历程中的各项事务进展，本书提出了内蒙古自治区跨国旅游合作"43N"空间极核辐射模式。该模式战略目标的实现需要经历一个复杂的过程，总体上是一个以点带线、以线带面，逐步推进的过程；但在整个极核辐射体系中，点辐射、线辐射和面辐射没有既定的顺序，且三者也可能同时存在，地图上的任何点与线在实际中都是一个城市或地区，其本身便具有面辐射的特征。

在内蒙古自治区跨国旅游合作的"43N"空间极核辐射模式中："4"是指当前内蒙古自治区跨国旅游合作开展中重点发展和培育的4个陆路口岸（满洲里口岸、二连浩特口岸、阿尔山口岸和策克口岸），并以这4个边境口岸为节点，逐步整合周边旗县、盟市旅游吸引物形成"边境口岸旅游地"，继而发展到一定阶段后向更大范围（口岸所在旗县、毗邻省份及对应俄蒙口岸的毗邻省份）辐射形成"边境口岸跨国旅游合作区"，对外沿铁路线形成辐射俄蒙的三条轴线，对内形成东、中、西三大片区。"3"是指通过政府间合作、企业间合作和民间团体合作3种渠道，从空间结构、产业组织和政府协作三个层面入手，以空间结构为基础，以政府协作、产业组织的"两翼"，寻求解决途径，保障内蒙古自治区跨国旅游合作的实施，具体举措在第六章详细阐述。"N"是指旅游资源开发、旅游市场共享、旅游环境改善、旅游设施投资、包价旅游线路联营、旅游产品的宣传促销、旅游商品的开发和旅游企业管理等方面的合作内容。该模式的运作目的在于有效整合各地旅游产业链，实现旅游交通体系化、旅游服务一体化、旅游信息联动化以及旅游产业协同发展。

在对蒙古国跨国旅游合作发展中，要做到以下几个方面：①要着力打造"扎门乌德—二连浩特跨国旅游合作区"，对外沿铁路线辐射带动"东戈壁—中戈壁—中央—色楞格乃至与俄罗斯接壤省份"一线的经济发展，对内则以二连浩特口岸发展为龙头，联动呼和浩特国际航空口岸和包头市集装箱口岸，形成辐射锡林郭勒盟、乌兰察布市、呼和浩特市、包头市和鄂尔多斯市的对蒙跨国旅游合作格局。②大力培育"西伯库伦—策克跨国旅游合作区"，对外沿铁路线辐射带动"巴彦洪戈尔—戈壁阿尔泰—扎布汗—科布多—乌布苏—巴彦乌列盖"一线的经济发展；对内则充分发挥策克口岸作为内蒙古、陕西、甘肃、宁夏、青海五省区所共有的陆路口岸，北中部对外开放的唯一国际通道，连接我国西北地区及国内外的重要交通枢纽、商贸中心、货物集散地和能源矿产资源大通道等优势，形成辐射阿拉善盟、乌海市和巴彦淖尔市三盟市和我国西北地区的对蒙跨国旅游合作格局。

第四章第二节，在对俄罗斯跨国旅游合作发展中，重点打造"后贝加尔斯克—满洲里跨国旅游合作区"。鉴于蒙古国当前铁路网及阿尔山口岸的地缘关系，该区域将对外辐射俄罗斯"阿金斯克、赤塔、伊尔库茨克"和蒙古国"东方省、肯特省、苏赫巴托省"两条轴线；对内则以满洲里、海拉尔、额尔古纳、新巴尔虎左旗、新巴尔虎右旗为轴线。并将其顺延至兴安盟阿尔山—松贝尔口岸，形成蒙古国通向日本海的最近通道。发挥满洲里铁路及公路口岸的优势，重点发展满洲里市跨国旅游合作，积极推进额尔古纳市跨国旅游合作，发挥地缘优势、联动海拉尔国际航空口岸，形成辐射东四盟市（呼伦贝尔市、兴安盟、通辽市、赤峰市）及京津冀地区的跨国旅游发展格局，将阿尔山口岸与满洲里口岸联合打造成具有国际影响力的俄蒙跨国旅游合作区。

总而言之，以点带线、以线带面，借助与俄、蒙跨国旅游合作平台，使口岸经济进一步向内陆延伸，带动边境小城镇建设，构建内外结合、带动力强的经济增长带，真正实现国家"兴边富民"的政策，促进内蒙古自治区旅游经济的腾飞。

第六章

内蒙古自治区跨国旅游合作的对策研究

　　内蒙古自治区依托边境口岸开展与俄蒙毗邻地区旅游业的跨国合作既有较强的现实和潜力优势，也有现存的不利因素。为了更好地促进合作区域旅游业发展，综合考虑各方社会、经济、旅游业的发展状况、旅游交通网络构建情况、已有旅游客源市场分布情况等因素，选择恰当的跨国旅游合作模式的同时，还需通过政府间合作、企业间合作和民间团体合作三种渠道，寻求解决途径保障内蒙古跨国旅游合作的实施，以保证跨国旅游合作的健康、稳定发展。

第一节　建立政府层面跨国旅游合作组织，健全跨国旅游合作机制

　　在当今世界旅游合作的趋势中，政府仍是主导力量，各合作国政府

首脑和旅游主管部门的官员会议及互访是区域旅游协调的一种重要形式。跨国旅游合作内容复杂，会涉及不同国家的政府、旅游组织、旅游企业以及各国旅游产业结构和有关政策法规等多个层面。跨国旅游合作表现形式相对特殊，可以是国家层面的合作（如签订旅游协定、开放旅游目的地国等；也可以是旅游主管部门之间的合作，如旅游营销、教育培训、信息共享等；抑或是次区域合作，如云南、广西参与的湄公河旅游开发，黑龙江参与图们江旅游合作等）。因此，更需要一个或几个协调机构来指挥合作进程，发挥协调机制的作用。我国在跨国旅游合作中，与东盟旅游合作发展较早，通过一系列条约确立了合作关系，但缺乏类似欧盟的旅游论坛和旅游咨询局等协调旅游企业、旅游专家、旅游者等多方的专门机构。

内蒙古自治区跨国旅游合作中，政府间合作层面可尝试在现有组织框架如中华人民共和国政府与俄罗斯联邦政府旅游合作协定、中蒙边境协调会议、中·俄·蒙区域旅游协作恳谈会、内蒙古自治区和俄罗斯联邦赤塔州旅游协调会议机制等基础上，寻求适当的切入点建立区域性权威合作组织结构，协调内蒙古自治区与俄蒙跨国旅游合作开发相关事宜，如推动旅游合作谈判、落实合作项目、构建区域利益协调机制等，并对畅通旅游通道、构建区域统一旅游政策体系等方面作进一步研究。

中、俄、蒙三国中央政府和地方政府要加强旅游交流，在制定相关旅游业政策时，根据各自的利益和实际情况，尽可能地向跨国旅游合作倾斜。例如，为了更好地发展边境旅游，通过放松对旅游人员的地域限制、最大限度地简化手续（互免签证、汽车过境等）、降低关税等一系列措施减少国际旅行障碍。签订旅游合作协定、制订旅游合作相关计划时，应广泛征求各方面的意见，不仅在旅游主管部门间协调，还要让旅游企业、旅游者等多方参与，力求达到方案的最优化，才能保证条约的落实和执行。

第二节　完善跨国旅游行业组织体系，发挥协同治理职能

　　旅游行业协会是由旅游社团和企事业单位在平等自愿的基础上组成的非营利性社会组织，其重要作用是构建信息交互机制，为各国政府之间、政企之间、旅游企业之间提供旅游信息沟通的平台，并与区域政府、旅游企业密切协调，建立旅游联合营销长效机制。截至 2012 年底，内蒙古自治区各级行政区域均建立了相应的、各种形式的旅游行业组织，它们在承担政府转让职能、简化和重组政府机构、促进内蒙古自治区旅游业发展方面发挥了积极作用。如成立时间最早、规模最大的内蒙古自治区旅游协会，它在全国旅游系统推行旅行社强制保险的工作中，能够按照区域将所在地区旅行社联合起来，作为一个"大保户"同保险公司谈判，在保额不变的情况下，第一年就减少保费 50%，保障工作贯彻落实的同时，为企业减轻了负担；于 2009 年和 2011 年举办了全区旅游工艺品、纪念品设计大赛，对繁荣旅游商品市场、提升旅游商品的开发和设计水平起到了积极的作用等。

　　全区各级旅游协会也存在着自治性不足、会员不足、人才不足、能力不足等问题，难以培养企业诚信经营观念，协会的创新能力与可持续发展能力缺乏后劲。因此，在内蒙古 12 盟市中，尤其率先实施跨国旅游合作的相关盟市，要有效整合现有旅游行业组织资源，梳理各自管辖范围内行业组织运行的优劣势，扬长避短，构建旅游行业组织体系，发挥协同治理职能；如维护行业诚信，严格执行旅游企业资格准入制度，

坚决取缔不合格的旅游企业与旅游从业人员，维护旅游行业整体声誉与形象，推进旅游业健康发展。

第三节　发展旅游企业跨国经营，
争取旅游创汇最大化

旅游活动本质上是一种经济活动，企业应该是旅游业经营活动的主体，中、俄、蒙三国旅游企业和行业协作，是内蒙古自治区跨国旅游合作的必要基础。实现旅游企业的跨国合作、纵横向联盟，才能获得规模效应并有力推动跨国区域旅游合作。

在推进旅游企业跨国经营方面，政府应完善企业"走出去"的法律、法规，简化审批制度，增加审批的透明度，为中国旅游企业的跨国经营提供必要的金融支持，放宽对外汇出境的限制，取消政策上的所有制歧视倾向，向企业提供必要的信息、咨询、培训、业务指导等方面的服务。

考虑到内蒙古自治区与俄蒙接壤地区的经济实力有限，可探寻跨国旅游合作区域范围内的旅游企业联合，让部分有实力的旅游企业先期介入合作，以旅行社业、交通业（尤其是航空口岸）合作为先导，加强网络协作，以缓解合作动力不足的弱势。此外，有必要适度鼓励和吸引该区域外实力雄厚和专业化的国际旅游集团参与合作，能够在短时间内迅速扩展该区域国际旅游业务。

旅游跨国企业应全面实行网络化运营，学会使用全球预订代理人分销系统等电子商务工作，熟练运用电脑处理营销、信息、会计、计划等办公事务，提高旅游跨国企业的技术装备水平，加强现代科技手段的运用，才能在国际市场上站稳脚跟，才能加快旅游企业跨国经营的发展。

同时，要鼓励和扶持内蒙古自治区旅游企业开展境外业务，并尽可能地在境外开办连锁机构，这样既能保证国内游客到国外的切身利益，又能使旅游收入都归于本国旅游企业手中，从而加大了旅游创汇。

第四节　全面调查与评价跨国旅游合作区旅游资源，合力构建北疆跨国旅游合作旅游圈

内蒙古自治区跨国旅游合作初期重点打造和培育的 4 个边境口岸城市及所在盟市，需打破传统的行政空间观念，树立全局的旅游开发观念和大旅游、大产业的经营思想，既要考虑我区对外开放口岸与俄蒙对应边境口岸的旅游联动，又要加强 19 个对外开放口岸间的内联，注重旅游开发的整体性，形成资源合力，通过系统性规划建设，全力打造北疆跨国旅游合作旅游圈，使之成为具有全国甚至全世界影响力的旅游胜地。

首先，要争取国家和自治区有关部门的支持，与俄、蒙相应机构进行协商，坚持互利共赢、突出特色和生态优先的原则，编制一个旅游总体发展规划或行动计划，在边境地区确定重点旅游产品和联合线路，协调大型节庆活动，构建跨国旅游合作发展的基本框架。

其次，要围绕当前已确定的实施内蒙古自治区跨国旅游合作所依托的"4"个边境口岸，积极建立"边境旅游地"。在综合考虑各口岸自身建设情况、已有旅游业发展情况、对周边的辐射带动能力、所在盟市及辐射区域（邻近盟市及省份）旅游业发展情况等的基础上，按照《旅游资源分类、调查与评价》（GB/T 18972—2003）的标准，对各区域的旅游资源进行全面分类、调查与评价，划分出各区域旅游资源的级

别；进而对各区域的旅游业发展情况进行摸底与比对，分析各区域旅游业发展的优势与不足；最终确立各自区域的优势与特色旅游资源。这样既可以避免各区域旅游资源的重复性开发，又可以明确每一区域的旅游资源开发主题，有利于结合每一区域旅游资源已开发利用的情况，进行文化内涵的挖掘和特色旅游产品的构建。

最后，要对基础设施、旅游配套设施进行合理的规划、建设，提高旅游接待能力；尽量依托公路、铁路和水运交通网络构建环线旅游圈，合理安排游览线路；整合合作区内的经济、资源、信息等多渠道的优势，由内蒙古交通网络"第一横线"贯穿，构建"北疆边境口岸旅游经济带"，提高国际知名度，带动口岸旅游业的整体发展，整体辐射带动内蒙古自治区与俄蒙毗邻省份旅游业发展。

第五节　全面梳理内蒙古自治区与俄蒙边境旅游线路开通与运行情况，创新旅游线路设计，丰富跨国旅游产品体系

内蒙古自治区边境旅游经过多年的培育和发展，已经形成一定的规模，为内蒙古自治区跨国旅游合作的实施奠定了基础。

首先，要梳理历年来批复开通的中蒙边境旅游线路和中俄边境旅游线路，并核实实际运作线路的情况，分析其优势与不足，为跨国旅游线路设计提供参考。如 1992 年批复与蒙古国开通"二连浩特—赛音山达三日游，二连浩特—乌兰巴托五日游、呼和浩特—乌兰巴托四日游（空路）和七日游（陆路）"，与俄罗斯开通"海拉尔—赤塔三日游、满洲里—乌兰乌德三日游、拉布大林—赤塔三日游"六条边境旅游线路，而

当年只组织开展了"二连浩特口岸到蒙古首都乌兰巴托的五日游"及"内蒙古首府呼和浩特经二连浩特到乌兰巴托的七日游";2006年新增二连浩特市至哈喇哈林市六日游和二连浩特市至色楞格省七日游两条线路;2013年同意开通"东乌旗分别至蒙古国苏赫巴托省的额尔顿查干县一日游、达里冈嘎县三日游、西乌尔特县五日游""阿尔山市至蒙古国东方省哈拉哈高勒县两日游"和"阿尔山市至蒙古国肯特省温都尔汗市五日游"三条线路。

其次,调查现有旅行社开展中蒙、中俄边境旅游线路的运行情况,掌握边境旅游开展的"瓶颈",为协调机制的确立和相应法律法规的出台提供参考,并增强跨国旅游合作线路设计的可操作性。以中蒙旅游线路为例,当前各旅行社推出的较为热门的包括:从呼和浩特起止的中蒙旅游线路"乌兰巴托—特尔勒吉三日/五日游、乌兰巴托—温度府草原体验骑马三日游、乌兰巴托—克日伦河源自驾车休闲四日游、乌兰巴托—库苏古尔湖五日游、乌兰巴托—龙苏木狩猎五日游、乌兰巴托——南戈壁沙漠四日游";二连浩特地接"二连浩特—扎门乌德边境两日游"等。从北京起止的"北京—乌兰巴托—特日勒吉—乌兰巴托四日游、蒙古国乌兰巴托—特日勒吉国家自然公园—原生态大草原精华四日游"等。

最后,根据现有中蒙、中俄旅游线路运行情况,以4个边境口岸为基点,结合三大跨国旅游合作区的具体辐射范围,在深入研究各自区域旅游资源特色、旅游交通连通性、旅游文化底蕴等的基础上,确立各区域旅游线路的主题;整合各自特色旅游资源,把各方的旅游景点串联起来,共同设计旅游线路、开展旅游宣传、开拓客源市场,实行资源共享、客源互流,并将中俄蒙三国文化游、自然风光游与民族风情游结合在一起,促进旅游产品结构由相对单一的观光产品向休闲度假、会展商务、康体娱乐、探险探奇和科普教育等多种产品形式转化，提高总体吸引力。如"策克—西伯库伦跨国旅游合作区"可以充分挖掘阿拉善宗教朝圣文化、居延文化的内涵，发挥航天科普、胡杨林、月牙泉等优势资源，开展观光旅游；"二连浩特—扎门乌德跨国旅游合作区"可以充分挖掘辽文化的内涵，发挥地质奇观旅游资源优势，开展温泉度假旅游等。

第六节　实行跨国旅游合作联合营销，扩大旅游市场影响力

加强内蒙古自治区与蒙俄跨国旅游合作，必须实施跨境营销、联合促销，才能更大范围地扩大旅游市场的影响力。一方面，加强中俄蒙间客源市场营销，尤其是 19 个对外开放口岸毗邻省份间的推广；增强旅游客流互动，如掌握俄罗斯人具有旅游天性的传统、国内假期较长以及俄罗斯远东地区城市在中俄边界呈带状分布因而来华便捷的特点，推出适合该市场的旅游产品，使中国成为俄罗斯远东地区游客外出首选的目的地。另一方面，联合俄蒙，面向共同的市场营销，扩大"北疆跨国旅游合作经济带"在世界上的影响力。

在宣传形式上，参加国家、省局组织的对外宣传促销活动和交易会，赴外宣传促销；在入境口岸设立宣传栏，宣传内蒙古自治区跨国旅游合作的主要旅游线路；在外国的旅游网站制作介绍内蒙古自治区跨国旅游产品的网页，通过网络进行宣传；在外国有影响的旅游报纸、杂志宣传具有代表性的旅游产品；利用地、县各级政府驻外机构和国家驻外办事机构、外国驻华使馆等各类机构，形成旅游促销网络。

　　在宣传内容上，选择具有代表性和影响力的产品促销，如选择胡杨林、阿斯哈图石林典型的喀斯特地形地貌进行国外宣传等。

　　经常开展旅游宣传和交流活动，通过旅游交易会、展览会、图片、电视、广告等多种方式进行推介和宣传双方的旅游资源和产品。加强旅游信息合作，积极为对方搭建旅游信息展示的平台，提供最新的旅游信息，努力实现中俄蒙三方旅游网站的信息资源共享。

参考文献

［1］薛莹. 20 世纪 80 年代以来我国区域旅游合作研究综述［J］. 人文地理，2003，2（1）：29-34.

［2］王雷亭等. 国内外区域旅游合作研究进展综述［J］. 泰山学院学报，2003，25（5）：92-96.

［3］钱益春. 区域旅游协作理论研究［J］. 佛山科学技术学院学报（自然科学版），2004，22（1）：59-61.

［4］潘顺安，刘继生. 大湄公河次区域旅游合作开发研究［J］. 旅游科学，2005，19（4）：1-6.

［5］郑辽吉，于天福. 朝鲜与中韩旅游合作研究［J］. 国际问题研究，2007（7）：213-215.

［6］李明. 中俄边境旅游发展研究［D］. 上海师范大学硕士学位论文，2006.

［7］姜晓娜. 黑龙江省边境旅游发展探析［D］. 河南大学硕士学位论文，2010.

［8］尔德尼. 拓展蒙古国入境旅游客源市场的营销策略研究［D］. 首都经济贸易大学硕士学位论文，2012.

［9］齐木德赫希格·孟和其其格. 蒙古国旅游产业发展研究［D］. 华东师范大学硕士学位论文，2008.

［10］赵丽君. 阿尔山市旅游业发展研究［D］. 内蒙古师范大学硕士学位论文, 2011.

［11］王佳. 额济纳旗旅游业 SWOT 分析［J］. 科技信息, 2009 (33)：507-508.

［12］王亚欣. 生态脆弱民族地区旅游开发思考——以内蒙古额济纳旗旅游开发为例［J］. 中央民族大学学报 (哲学社会科学版), 2008, 35 (1)：43-48.

［13］付东梅. 我区口岸所在边境县 (旗) 域经济类型及发展思路探讨［J］. 北方经济, 2012 (15)：49-53.

［14］普拉提·莫合塔尔, 海米提·依米提. 我国西部边境的跨国旅游合作研究——以中国新疆与中亚五国旅游合作为例［J］. 干旱区资源与环境, 2009, 23 (1)：136-141.

［15］李晓冬. 内蒙古旅游行业组织发展现状及存在问题分析［J］. 经济论坛, 2013 (7)：40-42.

［16］郑颖. 影响中俄旅游合作的主要因素及开发俄罗斯旅游市场的对策分析［J］. 科技和产业, 2008, 8 (1)：23-25, 91.

［17］曹爽. 图们江区域跨国旅游合作研究［D］. 延边大学硕士学位论文, 2010.

［18］王辉, 杨兆桃. 边境口岸跨国旅游合作机理研究——以新疆为例［J］. 经济地理, 2011, 31 (8)：1387-1391, 1408.

［19］董琦. 图们江流域边境旅游合作区开发研究［D］. 延边大学硕士学位论文, 2013.

［20］郝晓兰. 关于内蒙古与周边省区区域旅游合作的思考［J］. 内蒙古财经学院学报, 2005 (6)：29-32.

［21］赵玉宗. 内蒙古区域旅游开发空间模式探讨［J］. 内蒙古科

技与经济，2004（12）：2-5.

［22］肇丹丹. 内蒙古旅游企业区域旅游合作行为研究［J］. 经济论坛，2009（1）：80-82.

［23］丁永桂. 关于晋蒙两省区域旅游合作的研究［D］. 山西财经大学硕士学位论文，2011.

［24］陈雪婷，陈才，徐淑梅. 国际区域旅游合作模式研究——以中国东北与俄、蒙毗邻地区为例［J］. 世界地理研究，2012（3）：152-159.

［25］俄罗斯东欧中亚研究所，http：//euroasia. cass. cn.

［26］国家旅游局，http：//www. cnta. gov. cn.

［27］中国电子口岸，http：//www. chinaport. gov. cn.